The Rosedata Stone

Raggiungere un Linguaggio Comune di Business utilizzando il Business Terms Model

Steve Hoberman

Edizione Italiana a Cura di

Michele Valentini

Technics Publications

Pubblicato da:

2 Lindsley Road, Basking Ridge, NJ 07920 USA
https://www.TechnicsPub.com

Modificato da Riaz Howey
Cover design di Lorena Molinari
Edizione Italiana a cura di Michele Valentini

Prima Stampa 2020
Copyright © 2020 by Steve Hoberman

ISBN, print ed.	9781634628990
ISBN, Kindle ed.	9781634629003
ISBN, ePub ed.	9781634629010
ISBN, PDF ed.	9781634629027

Library of Congress Control Number: 2020947085

To Jenn.

Contenuti

Prefazione all'edizione italiana

È davvero singolare avere in mano la *traduzione* di un libro che parla dell'importanza decisiva di "avere un *linguaggio comune*" per il business. Una traduzione, infatti, nasce dal fatto che, nel mondo, non c'è un unico linguaggio comune.

Tuttavia, proprio questo volume e il suo autore, Steve Hoberman, ci ricordano che, quando si ha a che fare i con concetti chiave, con le idee fondamentali per un'organizzazione è di importanza vitale che tutti i soggetti coinvolti comprendano esattamente il loro significato. È facile intuire i rischi che si corrono quando si è coinvolti in un'impresa comune con altri soggetti, ma non si ha la certezza che tutti abbiano compreso allo stesso modo i fondamenti della nostra azione.

Immediatamente viene da chiedersi: è effettivamente possibile (o necessario) parlare tutti lo stesso linguaggio in un'organizzazione o in un'azienda? Oppure: come è possibile, pur parlando linguaggi differenti (necessariamente), assicurarsi di associare tutti lo stesso esatto significato ai concetti fondamentali per la nostra organizzazione?

Proprio come in un'opera di traduzione, la prima risposta che pare immediata è: "Occorre *una persona* che sia in grado di immedesimarsi con le diverse "culture" o "linguaggi" nell'organizzazione e *uno strumento* che faciliti la possibilità per le diverse culture di riconoscersi rappresentate e comprese.

Ecco la ricchezza di questo libro.

Da un lato, dà la possibilità di vedere all'opera l'autore, Steve Hoberman, vero "guru" del Data Modeling, ma soprattutto il tipo di *persona* che, grazie alla sua esperienza e alle sue capacità, riesce ad immedesimarsi con le "diverse culture" presenti all'interno di un'azienda, anche fossero semplicemente l'anima più tecnologica o informatica dell'azienda e l'anima più business e manageriale.

Dall'altro lato, permette di conoscere lo *strumento* fondamentale per costruire il Linguaggio Comune di Business, ossia il *Conceptual Data Model* o *Business Terms Model*. È questo lo strumento che Hoberman indica come la chiave per ottenere il massimo vantaggio delle nostre applicazioni in azienda, per ridurre i tempi e i rischi di un nuovo sviluppo, per poter "abilitare" la creazione di quelle viste sulle attività del nostro business che permettano di individuare più facilmente le opportunità e i potenziali problemi.

C'è un altro aspetto da sottolineare. Siamo nel 2020 e siamo ormai completamente abituati ad indirizzare ogni esigenza e ogni mancanza nell'attività di business (forse anche nella vita personale?) a un problema di "acquisto di tools", solitamente software. Non riusciamo a gestire bene la nostra area commerciale? Dobbiamo acquistare un CRM nuovo. Non gestiamo bene la catena di produzione? Dobbiamo acquistare un sistema di Business Intelligence. Hoberman ci propone, invece, di "spendere del tempo" per creare un Linguaggio Comune nella nostra azienda e dice alla fine del primo capitolo: "Spesso la direzione non vuole investire tempo nella creazione di Linguaggio di Business Comune perché crede che questo esista già da qualche parte o che la tecnologia risolverà il problema".

Hoberman non ci propone di "acquistare qualcosa" come primo passo, ma di "investire tempo" lavorando sulla "comprensione dei termini". Se chi ha lavorato un'intera carriera con la tecnologia e con le soluzioni informatiche ai problemi di business indica come esempio positivo chi interrompe lo sviluppo di un applicativo di analytics per una compagnia di assicurazioni per chiedere "Cos'è un preventivo?" credo che tutti dovremmo chiudere per qualche ora il report, la dashboard, l'applicativo o il codice su cui stiamo lavorando e leggere attentamente questo libro, eventualmente anche con un tablet (o carta e penna!) per prendere appunti!

Vogliamo ringraziare per il coordinamento e l'esecuzione del lavoro di traduzione **Franco Francia** e **Beatrice Cavalieri** e l'editore **Technics Publications** per avere accettato la sfida insieme a **FIT Academy** di portare il volume nei confini linguistici italiani!

Michele Valentini
Head of FIT Academy

Introduzione

Conosci la Stele di Rosetta? Rosetta Stone? Questa lastra di 2000 anni contiene lo stesso messaggio in più linguaggi, consentendo agli studiosi moderni che erano in grado di leggere il greco antico di decifrare i geroglifici egizi.

Come la Stele di Rosetta ha fornito uno strumento di comunicazione tra diverse lingue, così la Rosedata Stone fornisce uno strumento di comunicazione tra le lingue di business. La Rosedata Stone, chiamata *Business Terms Model* (BTM) o *Conceptual Data Model*, mostra un linguaggio di business comune per una particolare iniziativa di business.

Con sempre più dati creati e utilizzati, combinati con un'intensa concorrenza, normative severe e social media a rapida diffusione, la posta in gioco a livello economico, di responsabilità e di credibilità non è mai stata così alta e quindi la necessità di un linguaggio di business comune non è mai stata così grande. Percorrendo i cinque capitoli del libro potrai apprezzare la Potenza del BTM e potrai seguire i passaggi pratici per costruirlo:

1. **Sfide**. Scoprirai che un Linguaggio di Business Comune è oggi ancora più importante in presenza di tecnologie come Cloud e NoSQL e normative come il GDPR.

2. **Esigenze**. Comprenderai come identificare l'ambito di azione e pianificare visualizzazioni precise e minimali che possano racchiudere il Linguaggio Comune di Business.

3. **Soluzione**. Sarai introdotto al BTM e ai suoi componenti, insieme alle differenze che caratterizzano i BTM relazionali e dimensionali. Scoprirai come diversi strumenti di modellazione dati visualizzano BTM, inclusi CaseTalk, ER/Studio, erwin DM e Hackolade.

4. **Costruzione**. Potrai creare BTM operativi (relazionali) e analitici (dimensionali) per una catena di prodotti da forno.

5. **Pratica**. Potrai rafforzare i concetti di BTM e creare BTM per due delle tue proprie iniziative.

Questo libro è scritto per professionisti sia di business che dell'Information Technology, con particolare attenzione ai project manager, ai professionisti della data governance e agli analisti aziendali. Sebbene parte di questo materiale possa essere un ripasso di concetti già noti per data architects e data modelers, questi professionisti dei dati possono utilizzare le conoscenze acquisite da questo libro per ampliare, mettere alla prova o perfezionare le loro prospettive.

Vengono usati due stili in questo libro. Viene usato il corsivo quando si tratta del nome tecnico o di business. Ad esempio, Bob usa il nome *cliente* e Jane usa il nome *consumatore*. Viene usato il grassetto quando si tratta dei termini. Ad esempio, un **Cliente** può effettuare molti **Ordini**.

Sei pronto? Iniziamo!

CAPITOLO 1

Sfide

Immagina di essere il Chief Information Officer per la catena di prodotti da forno Chips Inc. Non solo ricevi uno stipendio e benefits per la cura della tua salute, ma puoi anche mangiare tutti i dolci che vuoi gratuitamente da una qualsiasi delle 30 panetterie che Chips Inc. possiede. Questo è un grande vantaggio!

Per via della cultura indipendente di Chips Inc., unita al modo in cui Chips Inc. è cresciuta acquistando un panificio alla volta, ogni panificio ha il proprio modo di operare. Ogni panificio utilizza i propri sistemi come Quicken, Excel e talvolta anche carta e penna, per assistere con l'ordinazione di forniture, la cottura di dolci, la gestione delle vendite e la gestione delle buste paga.

Con i costi in aumento per le materie prime come lo zucchero e la crescente concorrenza da parte di altri panifici e supermercati di fascia alta, i dirigenti di Chips Inc. stanno cercando modi per risparmiare denaro e quindi aumentare i profitti. Un modo è il potenziale risparmio che si otterrebbe centralizzando gli acquisti di Pasticceria e successivamente centralizzando il libro paga. Centralizzare i processi aziendali così come gli acquisti non solo dovrebbe far risparmiare denaro, ma anche consentire una reportistica più coerente in tutta l'organizzazione, identificando così ulteriori modi per risparmiare denaro e scoprendo nuove opportunità di business.

Inoltre, Chips Inc. vorrebbe concedere in franchising il proprio marchio, ricette e processi ad altri panifici. Prima di rivolgersi alle panetterie sulle opportunità di franchising, Chips Inc. ha bisogno di introdurre pratiche più coerenti nei suoi 30 negozi. Una volta che pratiche coerenti sono state realizzate, queste possono essere applicate alle panetterie affiliate.

Il team degli executive è convinto, soprattutto a causa di una presentazione di un'ora da parte di una grande società di consulenza software, che la centralizzazione dei processi aziendali richiederà uno sforzo minimo. Il presentatore ha pubblicizzato la sua soluzione software come un modo semplice per integrare tutti i processi di Chips Inc. "È facile come preparare un biscotto", ha detto questo consulente software mentre i dirigenti annuivano ipnoticamente. Tu, tuttavia, non sei così ottimista. E non è solo perché trovi che cucinare sia una sfida. Ti chiedi come una soluzione software possa magicamente risolvere un problema aziendale molto complesso.

Dopo pranzo, passeggi lungo la strada per il panificio principale di Chips Inc. per concederti, gratuitamente, un biscotto con gocce di cioccolato. Dopo aver mostrato al dipendente del negozio il tuo badge di Chips Inc. e ricevuto il tuo cookie gratuito, dai un'occhiata alle torte, ai cupcakes e agli allettanti biscotti.

Nel tentativo di convincerti della somiglianza tra le panetterie, decidi di fare un giro in autobus per un'altra panetteria Chips Inc. dall'altra parte della città, in un quartiere di lusso. Poiché questo panificio si rivolge a una clientela di fascia alta, quello che veniva chiamato *cookie* nell'ultimo panificio è chiamato *biscotto* in questo. Questa panetteria ha una vasta selezione di pie ma nessuna torta. Vendono anche semifreddi, frullati e pani artigianali che il primo panificio non aveva.

Mentre sgranocchi, gratuitamente, un *biscotto* con gocce di cioccolato (che ha un sapore sorprendentemente simile a un *cookie* con gocce di cioccolato), iniziano a sorgerti delle domande:

- In cosa differiscono cookies e biscotti?
- In cosa differiscono le pie e le torte?
- Pane artigianale, frullati e semifreddi rientrano nell'ambito dell'iniziativa di acquisto della pasticceria?

Acquistare con successo gli ingredienti per le nostre panetterie richiede un insieme di termini comuni. Chiedere al primo panificio quanto zucchero ordinano per i *biscotti* e al secondo quanto zucchero ordinano per i *cookies* molto probabilmente creerebbe confusione poiché il primo panificio li chiama *cookies* e il secondo *biscotti*. Inoltre, un terzo panificio vende *biscotti* per cani che hanno ingredienti diversi e quindi esigenze di acquisto diverse rispetto ai *biscotti* del secondo panificio.

Bisogna notare che è lecito che il primo panificio continui a chiamarli *cookies* e che il secondo panificio continui a chiamarli *biscotti*, se il l'ufficio acquisti aziendale è a conoscenza che sono la stessa cosa. Ciò richiederà un termine comune che disambigui tutte le variazioni. Simile alla Stele di Rosetta che fornisce la traduzione tra scritture antiche, la Rosedata Stone effettua la traduzione tra termini provenienti da diversi reparti o luoghi. Ad esempio, il panificio A lo chiama *cookie*, il panificio B lo chiama *biscotto*, altri panifici hanno i propri termini e l'ufficio acquisti aziendale lo chiama *cookie*. L'ufficio acquisti aziendale determinerebbe il termine comune in tutte le panetterie.

Il termine **Cookie** dell'ufficio acquisti aziendale è il termine comune e la mappatura qui di seguito fornisce una traduzione di ciascuno dei termini locali. La determinazione di un ordine centralizzato per lo zucchero richiede che l'ufficio acquisti utilizzi il termine **Biscotto** quando comunica con il Negozio B e **Torta dolce** con il Negozio C.

Rosedata Stone Mapping

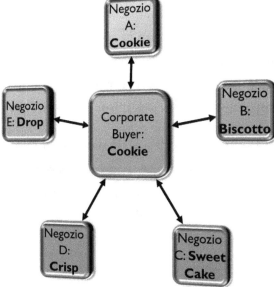

Questo tipo di mappatura è molto utile per mostrare un termine comune e la sua traduzione nella realtà multilingue del nostro ambiente attuale.

I dirigenti di Chips Inc., ad esempio, credono che centralizzare gli acquisti sarà facile senza rendersi conto che ogni panificio parla la propria lingua particolare. O forse la direzione riconosce la mancanza di un linguaggio comune di business ma presume che una soluzione software risolverà magicamente i problemi. Non importa, però, se le due panetterie che hai visitato quel giorno utilizzano entrambe lo stesso sistema come Microsoft Excel. Se una panetteria lo chiama *cookie* e l'altra *biscotto*, ci saranno difficoltà nella centralizzazione degli acquisti.

Vedremo nel Capitolo 4 che un diagramma di mappatura come quello sopra, combinato con potenti elementi visivi come quello sotto, migliorerà la comunicazione all'interno delle vostre iniziative e quindi porterà a soluzioni software di maggior successo e un rapporto più forte tra i professionisti del business e dell'Information Technology.

Sebbene utilizzeremo l'attività di panetteria di Chips Inc. in tutto il libro, le sfide possono essere facilmente ricondotte alla tua organizzazione. Hai avuto esperienze simili in cui sembra che qualcuno con cui stai lavorando stia usando il greco antico e qualcun altro geroglifici?

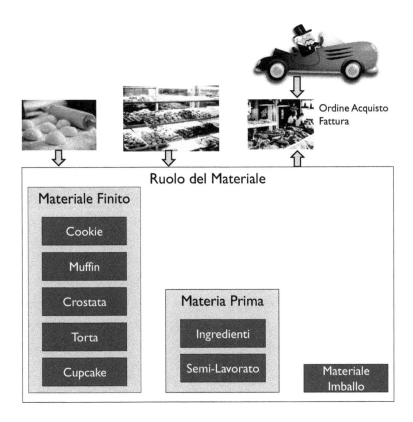

Ho avuto molte esperienze in cui le persone che hanno bisogno di parlare un linguaggio di business comune non utilizzano lo stesso insieme di termini in modo coerente. Ad esempio, di recente ho assistito a una discussione tra un senior business analyst e un senior manager di una grande compagnia di assicurazioni.

Il senior manager ha espresso la sua frustrazione per il modo in cui un business analyst stava rallentando lo sviluppo della sua applicazione di business analytics. "Durante una riunione del team con il proprietario del prodotto e gli utenti di business per ottenere le informazioni dagli utenti sul completamento dei preventivi di assicurazione per la nostra futura applicazione di analytics sui preventivi, un business analyst ha posto la domanda, Che cos'è un preventivo? e il resto dell'incontro è andato sprecato cercando di rispondere a questa domanda. Perché non abbiamo potuto concentrarci solo sull'ottenere i requisiti per Quote Analytics, che è ciò che dovevamo fare in quella riunione? Dovremmo usare un approccio Agile!"

Se c'è stata una lunga discussione cercando di chiarire il significato di preventivo, ci sono ottime probabilità che questa compagnia di assicurazioni da un miliardo di dollari non abbia una buona comprensione di cosa sia un *preventivo*. È possibile che tutti gli utenti di business concordino sul fatto che un preventivo è una stima per un premio di polizza, ma non siano d'accordo in quale punto una stima diventi un preventivo. Ad esempio, una stima deve essere basata su una certa percentuale di fatti prima di poter essere considerata un preventivo?

In che modo Quote Analytics soddisferà i requisiti degli utenti se essi stessi non sono d'accordo su cosa sia un *preventivo*? Immagina di dover conoscere la risposta a questa domanda:

Quanti preventivi di assicurazioni sulla vita sono stati predisposti lo scorso trimestre nel nord-est?

Senza una comprensione comune di *preventivo*, è possibile che un utente risponda a questa domanda in base alla propria definizione di *preventivo* e qualcun altro risponda in base alla propria diversa definizione di *preventivo*. Uno di questi utenti (o forse entrambi) molto probabilmente otterrà la risposta sbagliata.

Ho lavorato con un'università i cui dipendenti non riuscivano a mettersi d'accordo sul significato di *studente*, un'azienda manifatturiera i cui reparti vendite e contabilità differivano sul significato di *ricavo sulle attività totali*, una società finanziaria i cui analisti litigavano incessantemente sul significato di *trade* - è sempre la stessa sfida che dobbiamo superare, non è vero?

Si tratta di lavorare per un Linguaggio di Business Comune.

Un Linguaggio di Business Comune è un prerequisito per il successo di qualsiasi iniziativa. Siamo in grado di acquisire e comunicare i termini alla base dei processi e dei requisiti aziendali, consentendo a persone con background e ruoli diversi di comprendersi e comunicare tra loro.

In un recente studio, l'89% dei senior manager intervistati appartenenti a oltre 1.000 organizzazioni ha dovuto affrontare sfide nel modo in cui gestiscono i dati. Sono convinto, dopo decenni di lavoro con i dati in paesi di tutto il mondo e in quasi tutti i settori, che la causa principale di queste sfide nella gestione dei dati sia il non parlare un Linguaggio di Business Comune.

Dobbiamo affrontare gli ostacoli della tecnologia, le aspettative e le ambiguità che devono essere superati per arrivare a un Linguaggio di Business Comune. Il primo passo per risolvere una sfida è comprenderla appieno e siamo pronti a farlo.

Tecnologia

Torniamo insieme all'anno 1978.

I New York Yankees vincono le World Series, Montreal vince la Stanley Cup, Borg è il campione di Wimbledon e l'Argentina vince la Coppa del Mondo. Annie Hall vince l'Oscar per il miglior film, *You Light Up My Life* vince l'Oscar per la migliore canzone e il disco dell'anno è *Hotel California* degli Eagles. Possiamo ricordare la moda (e sì, possedevo un paio di pantaloni a zampa d'elefante) e la politica (Peanuts, qualcuno?), ma guardiamo invece al mondo della tecnologia nel 1978.

Il 1978 è stato un anno monumentale per la tecnologia. Sony ha presentato il primo stereo portatile al mondo, il Walkman Sony. Sempre nel 1978, l'Illinois Bell Company ha introdotto il primo sistema di telefonia mobile cellulare. Ricordi quei primi telefoni cellulari "portatili" enormi con borsa a tracolla? Nello stesso anno è stato creato il primo computer BBS (Bulletin Board System). (Ricordo di aver acquistato un frigorifero usato da un BBS.) Un altro fatto monumentale di quest'anno, Space Invaders ha fatto il suo debutto e la mania per i videogiochi è iniziata.

Oltre all'inizio dell'era della musica portatile, dei telefoni cellulari, del commercio online e dei videogiochi, il 1978 è stato anche un anno eccezionale per il data management. Il modello relazionale ha ottenuto una grande vittoria sui modelli gerarchici e di rete: Oracle versione 1 è stata annunciata nel 1978, scritta in linguaggio assembly e in esecuzione su un enorme 128K di memoria. Inoltre, nel 1978 William Kent ha scritto *Data and Reality*.[1]

Questo estratto dalla prefazione che ho scritto alla terza edizione del classico di William Kent, *Data and Reality*, dipinge un quadro della tecnologia disponibile quando la prima edizione di *Data and Reality* è stata pubblicata nel 1978.

Data and Reality contiene molti esempi che illustrano la scarsa comunicazione tra i reparti e le aree aziendali. Kent ribadisce quanto sia importante disporre di una

---

[1] *Data and Reality: A Timeless Perspective on Perceiving and Managing Information in Our Imprecise World*, 3rd ed., William Kent, Technics Publications, 2012.

comprensione comune dei termini prima di costruire o acquistare soluzioni software.

Oggi possiamo fare di più sui nostri orologi rispetto ai computer più potenti del 1978, ma con tutte le nostre straordinarie tecnologie non abbiamo ancora risolto i problemi di comunicazione sollevati da Kent nel 1978!

Data and Reality contiene un intero capitolo sulla comprensione di un "libro", come esempio per renderci consapevoli di quanto ambigui possano essere anche termini semplici. Ecco una delle mie affermazioni preferite di questo capitolo:

> Quindi, ancora una volta, se vogliamo avere un database sui libri, prima di poter sapere cosa sostiene un rappresentante, è meglio avere un consenso tra tutti gli utenti su cosa sia "un libro".[2]

Riprendendo questa citazione, William Kent dice che prima di creare un'applicazione, bisogna sapere cosa significano i termini. Prima di creare un'applicazione per le polizze basata su cloud per una compagnia di assicurazioni, occorre sapere che cos'è una **Polizza**. Prima di creare un'applicazione NoSQL per una casa editrice, occorre sapere che cos'è un **Libro**. Prima di implementare

---

[2] *Data and Reality: A Timeless Perspective on Perceiving and Managing Information in Our Imprecise World*, 3rd ed., William Kent, Technics Publications, 2012.

una soluzione CRM (Customer Relationship Management) per un'azienda manifatturiera, occorre sapere che cos'è un **Cliente**. Questo consiglio potrebbe sembrare ovvio — ma viene seguito?

Le tecnologie creano una falsa percezione che altri siano responsabili della comprensione dei nostri dati. Il cloud significa che una società di hosting memorizzerà i nostri dati e quindi dovrà comprendere i nostri dati. NoSQL significa che un fornitore di database strutturerà i nostri dati e quindi dovrà comprendere i nostri dati. Packages significa che un vendor fornirà software per elaborare i nostri dati e quindi dovrà comprendere i nostri dati.

Cloud

Il cloud significa che una società di hosting memorizzerà e proteggerà i nostri dati. Il cloud può anche aumentare l'incertezza (nuvolosità?) su quali dati sono archiviati e dove, rendendone più difficile la comprensione e quindi i termini di business e, in definitiva, diventa più impegnativo per ottenere un Common Business Language. Se alcune delle informazioni sui nostri prodotti vengono archiviate nel cloud, la comprensione del prodotto potrebbe essere più complicata: come chiamiamo quel sottoinsieme di dati di prodotto archiviati nel cloud rispetto a ciò che archiviamo internamente?

Le organizzazioni che pensano che le società di hosting si assumano la responsabilità di comprendere i loro dati non lavorano più nel cloud, ma in un tornado.

NoSQL

Dagli anni '70, la maggior parte dei dati delle nostre organizzazioni è stata archiviata in Relational Database Management Systems, il termine formale per i database relazionali. Un database relazionale archivia i dati in set. Proprio come puoi avere un set per gatti e un set per cani, un set per numeri pari e un set per numeri dispari, un set per auto e un set per biciclette, puoi avere un set per i dati del **Cliente**, un set per i dati del **Prodotto** e un set per i dati dei **Dipendenti**.

Il processo di organizzazione dei dati in set da memorizzare in un database relazionale è chiamato normalizzazione. La normalizzazione dei dati rivela il significato e le connessioni all'interno dei dati, fornendoci una forte comprensione dei termini generali nel processo. Ad esempio, una volta normalizzati i dati del cliente, comprenderemo meglio il **Cliente**.

NoSQL significa che i dati possono essere memorizzati in un formato di testo non organizzato invece che nel formato di un set organizzato. È possibile archiviare dati utilizzando NoSQL con la stessa facilità con cui si archivia testo in un documento di Microsoft Word. Tuttavia, senza il rigore forzato di organizzare i dati in set, molti project teams implementano applicazioni NoSQL con poca conoscenza del significato dei termini. Anche con la tecnologia più recente, stiamo ancora facendo ciò che William Kent aveva detto di non fare nel 1978: costruire un database sui libri prima di sapere veramente cosa sia un libro.

Packages

I packages proposti dai vendor, come quelli offerti da SAP, Oracle e Microsoft possono essere enormi "scatole nere" che risultano eccellenti nell'ottenere dati in entrata e in uscita (archiviazione e analisi dei dati) ma nascondono come i dati sono effettivamente organizzati. I dipendenti spesso non hanno la conoscenza delle strutture interne — e quindi non sanno cosa significano realmente i termini archiviati e analizzati.

Ho trascorso quattro anni della mia carriera nelle viscere di SAP in un'area chiamata *Classificazioni*. Questa area di SAP consentiva alle organizzazioni di eseguire report a livelli più elevati rispetto a un particolare prodotto, ad esempio un report eseguito in base alla classificazione del marchio o alla classificazione delle dimensioni del prodotto. Prima di entrare a far parte di questo team, le persone sapevano come caricare i dati da sistemi esterni nelle classificazioni e come estrarre i dati dalle classificazioni, ma pochi capivano i termini all'interno delle classificazioni fino a quando non abbiamo creato un BTM contenente **Classe**, **Caratteristica**, **Valore della caratteristica**, **Oggetto** e altri importanti termini all'interno di quest'area.

Avere un linguaggio comune su termini come **Classe** e **Caratteristica** (che erano spesso usati in modo errato in modo intercambiabile), ha permesso al nostro dipartimento di discutere i miglioramenti in quest'area e sapere che stavamo parlando la stessa lingua.

Le organizzazioni scelgono spesso packages dei vendor per risolvere i problemi dei processi aziendali, ma l'introduzione di una nuova applicazione di solito solleva problemi di terminologia. Ad esempio, un'organizzazione potrebbe voler migliorare il proprio processo logistico tramite un pacchetto di un vendor. Tuttavia, il pacchetto del vendor utilizza nomi diversi da quelli dell'organizzazione, o gli stessi nomi ma con significati diversi, anche per termini di base come **Cliente** o **Prodotto**. Se chiedi a qualcuno all'interno della logistica che cosa significa un **Prodotto**, dovrà chiarire: "Intendi la nostra definizione o quella del vendor?"

Inoltre, la maggior parte dei pacchetti viene creata genericamente per adattarsi a molte organizzazioni diverse. Facendo riferimento alle Classificazioni, ad esempio, **Oggetto** comprende cliente, vendor e prodotto. Non solo dobbiamo ancora capire **Cliente**, **Vendor** e **Prodotto**, ma ora abbiamo un altro termine da imparare. Cos'è un **Oggetto**?

Ambiguità

> Abbiamo a che fare con una naturale ambiguità delle parole, che noi, come esseri umani, risolviamo in modo largamente automatico e inconscio, perché comprendiamo il contesto in cui le parole vengono utilizzate. Quando esiste un file di dati per servire una sola applicazione, in effetti esiste un solo contesto e gli utenti comprendono implicitamente quel contesto; risolvono automaticamente le ambiguità interpretando le parole come appropriate per quel contesto. Ma quando i file vengono integrati in un database che serve più applicazioni, quel meccanismo di risoluzione dell'ambiguità viene perso. Le ipotesi appropriate al contesto di un'applicazione potrebbero non adattarsi ai contesti di altre applicazioni:[3]

Questo passaggio dal classico del 1978, *Data and Reality*, cattura piacevolmente la sfida che la nostra comunicazione

---

[3] *Data and Reality: A Timeless Perspective on Perceiving and Managing Information in Our Imprecise World*, 3rd ed., William Kent, Technics Publications, 2012.

orale e scritta è naturalmente ambigua. Noi manteniamo la conversazione interessante con il non ripetere sempre le stesse parole, quindi è una cosa comune usare parole simili. Immagina questa conversazione davanti alla macchina del caffè in un'università:

Bob: Come sta andando il tuo corso?

Mary: Va bene. Ma i miei studenti si lamentano dei troppi compiti. Mi dicono che hanno molte altre lezioni.

Bob: I partecipanti alla mia sessione avanzata dicono la stessa cosa.

Mary: Non me lo sarei aspettato dai laureati. Ad ogni modo, quante altre classi hai in questo semestre?

Bob: Tengo cinque aule in questo periodo e una è una lezione serale senza crediti.

Potremmo lasciare continuare questa conversazione per alcune pagine, ma vedi l'ambiguità causata da questo semplice dialogo?

- Qual è la differenza tra **Corso**, **Lezioni**, **Classe** e **Sessione**?
- **Semestre** e **Periodo** sono la stessa cosa?
- **Studente** e **Partecipante** sono la stessa cosa?

Aspettative

Dagli anni '70, l'obiettivo della gestione delle informazioni è "fornire le informazioni *giuste* alle persone *giuste* al momento *giusto*". Ogni linguaggio di programmazione, ogni database, ogni strumento di reporting, dovrebbe portarci tutti più vicini a questo obiettivo.

Oggi le richieste delle nostre organizzazioni stanno aumentando a un ritmo così rapido che "fornire le informazioni giuste alle persone giuste al momento giusto" è un obiettivo in costante movimento. Simile a Tantalo che è sempre affamato nell'Ade nonostante sia quasi alla portata di un albero da frutto, proprio quando pensiamo di aver soddisfatto i requisiti necessari, requisiti nuovi e più esigenti sembrano affamati di ancora più informazioni per le persone giuste al momento giusto. Le "informazioni giuste" non sono solo le vendite dei clienti dal nord-est, ma le vendite globali. Le "persone giuste" non sono solo per il capo delle vendite, ma per tutti i venditori in tutto il mondo. Il "momento giusto" non è solo le vendite dell'ultimo trimestre, ma le vendite dell'ultimo minuto.

Agilità

L'azienda si aspetta applicazioni più potenti in tempi sempre più brevi. Agile nel fornire supporto. Agile è sinonimo di sviluppo rapido di applicazioni. Siamo in grado di fornire rapidamente le applicazioni, ma ci vuole tempo per discutere il significato dei termini e soprattutto per giungere ad un accordo. Lunghe discussioni sulla definizione dei termini spesso sembrano contrarie allo spirito dell'Agile. Ricordiamo quel manager di una compagnia di assicurazioni che considerava le discussioni sul significato di *preventivo* come tempo sprecato.

Inoltre, spesso a causa delle pressioni per accelerare lo sviluppo, lo scopo delle iniziative si riduce drasticamente, e quindi raramente c'è un'opportunità di vedere termini di business importanti in un ambito sufficientemente ampio per ottenere un Linguaggio di Business Comune In molti progetti Agile, il massimo che possiamo sperare è un linguaggio comune nell'ambito molto ristretto del ciclo di sviluppo iterativo, come in uno Sprint.

Analytics

Le domande di business poste oggi sono più ampie e richiedono una risposta più rapida rispetto a quelle poste solo pochi anni fa. Una domanda come "Questo ordine è arrivato in tempo?" è una domanda molto più semplice a cui rispondere rispetto a "Quanti ordini in tutte le linee di business per questo particolare cliente sono stati ricevuti in questo trimestre e come si confronta con lo stesso trimestre dello scorso anno?"

Tuttavia, non possiamo rispondere a queste domande a meno che non vi sia un accordo sul significato di **Ordine**, **Cliente** e **Trimestre**.

Siamo così condizionati a utilizzare i motori di ricerca e a vedere risultati quasi immediati da tutto il mondo, che ci aspettiamo lo stesso dai nostri sistemi interni. Un utente desidera eseguire un rapporto sulle vendite per un determinato cliente e vedere tutte le vendite per quel cliente, anche se i dati sulle vendite potrebbero esistere in dieci diverse applicazioni che non si interfacciano tra loro. Inoltre, le vendite potrebbero avere nomi diversi in sistemi diversi e quel cliente potrebbe avere nomi diversi in sistemi diversi. Non è facile come recuperare un testo in una ricerca su Google.

Normative

Le nostre organizzazioni sono tenute a seguire normative come la legge sul regolamento generale sulla protezione dei dati (GDPR) in Europa, la direttiva sui mercati degli strumenti finanziari (MiFID) e la legge sulla sicurezza informatica della Repubblica popolare cinese (CSL) e in California con il California Consumer Privacy Act.

Tutte queste normative si riducono alla conoscenza di quali dati vengono archiviati, dove vengono archiviati e come sono stati raccolti. Non possiamo avere conversazioni intelligenti per determinare il cosa, dove e come dei dati a meno che non comprendiamo i termini generali.

Takeaways

- Le soluzioni software possono aiutare l'azienda a risolvere i problemi di business ma non possono risolverli senza il coinvolgimento del business stesso.

- È consentito ai reparti di continuare a utilizzare nomi diversi per lo stesso termine, a condizione che vi sia una traduzione tra di loro in un termine comune.

- Spesso la direzione non vuole investire tempo nella creazione di un Linguaggio di Business Comune perché crede che questo esista già da qualche parte o che la tecnologia risolverà il problema.

- Le tecnologie creano una falsa percezione che altri siano responsabili della comprensione dei nostri dati. Il cloud significa che una società di hosting memorizzerà i nostri dati e quindi dovrà comprendere i nostri dati. NoSQL significa che un fornitore di database strutturerà i nostri dati e quindi li dovrà comprendere. Pacchetti software significa che un vendor fornirà software per elaborare i nostri dati e quindi li dovrà comprendere.

- La nostra comunicazione orale e scritta è naturalmente ambigua e pertanto non possiamo fornire applicazioni di analisi sofisticate rapidamente e aderire a tutte le normative governative senza un Linguaggio di Business Comune.

CAPITOLO 2

Esigenze

"So che è difficile, signora Uovo, ma indichi la persona che l'ha colpita"

Ricorda dal capitolo precedente come anche un termine semplice come **Cookie**, può avere più nomi e significati nelle panetterie.

Dopo aver identificato le sfide della tecnologia, delle ambiguità e delle aspettative trattate nel Capitolo 1, dobbiamo comprendere la prospettiva di ogni panificio. Idealmente, i dipendenti di ciascuna panetteria del gruppo devono mettersi d'accordo su un termine e una definizione comuni. In pratica, spesso ci ritroveremo con un diagramma come quello sopra in grado di mantenere una mappatura per le diverse prospettive.

Rosedata Stone Mapping

Non è facile completare mappature come quella sopra, e ancor più difficile è concordare un Linguaggio Comune di Business.

Comprendere lo scopo della nostra iniziativa garantisce che il Linguaggio Comune di Business che creiamo fornisca valore per l'iniziativa e per l'organizzazione, e che il Linguaggio Comune di Business possa essere realizzato in un tempo ragionevole e non sia eccessivo. Una volta confermato il perimetro di azione, dobbiamo trasformare l'ambiguità nella nostra comunicazione verbale e talvolta scritta in un linguaggio preciso. Precisione non significa dettaglio, come ad esempio mostrare i campi del database — dobbiamo mantenere il nostro linguaggio semplice. Inoltre, seguendo il motto "un'immagine vale più di mille parole", abbiamo bisogno di immagini per comunicare questo linguaggio preciso e semplice per l'iniziativa. Queste quattro esigenze di perimetro d'azione, precisione, semplicità e immagini sono l'oggetto di questo capitolo.

Perimetro di azione

Un'organizzazione deve disporre di un Linguaggio Comune di Business in tutta la sua azienda?

Alla fine, sì, fornirebbe un valore sostanziale.

Tuttavia, è realistico?

Una volta ho lavorato per una società di telecomunicazioni che ha provato a fare il passo più lungo della gamba, dove il nostro primo risultato sarebbe stato un insieme di termini e definizioni a valido a livello dell'intera organizzazione. Dopo molti anni di lavoro per raggiungere questo obiettivo e senza la produzione di deliverable più piccoli ma comunque preziosi, l'intero sforzo è stato annullato. L'ambito di azione era troppo ampio e gli esperti di business necessari per convalidare i termini e le definizioni per le aree al di fuori dell'iniziativa immediata non erano prontamente disponibili perché non vi era alcun incentivo da parte della direzione a partecipare. Inoltre, il tempo passa e il mondo cambia, comprese le modifiche ai termini e ai significati.

Limitandoci a un'iniziativa si riduce il nostro ambito di azione e il nostro tempo per portarla a termine, aumentando così le nostre possibilità di successo. Questo ambito più piccolo può in ogni caso essere un trampolino di lancio per raggiungere un Linguaggio Comune di Business a livello di organizzazione. Ad esempio, Chips Inc. vorrebbe centralizzare prima gli acquisti e poi le buste paga. Sebbene preferiremmo definire il nostro ambito di applicazione più ampiamente e creare un insieme comune di termini e definizioni in tutta Chips Inc., o almeno sia acquisti che buste paga, iniziare con solo gli acquisti sarebbe un ambito sufficientemente ampio da portare valore. Il termine **Cookie** rientra nell'ambito degli acquisiti, ma **Dipendente** sarebbe fuori ambito finché non ci concentreremo sull'iniziativa delle buste paga.

Il perimetro può essere a livello dell'intera organizzazione o vicino al livello dell'intera organizzazione se l'iniziativa è molto ampia, ad esempio l'introduzione di un pacchetto software per sostituire più applicazioni legacy. Anche con un progetto così vasto, tuttavia, esiste una sequenza su come i processi vengono implementati ed è a tuo vantaggio definire l'ambito di lavoro in un processo simile per dimostrare il valore in ogni fase.

Lo svantaggio di scegliere un "perimetro" più piccolo è che a volte dobbiamo tornare indietro e rivedere termini e definizioni. Ad esempio, potremmo concordare la definizione di **Fornitore** per l'iniziativa di acquisiti, ma è possibile che il processo buste paga possa vedere **Fornitore** in modo diverso. Il processo buste paga potrebbe utilizzare il termine **Vendor** e potrebbero esserci sottili differenze tra **Fornitore** e **Vendor**. Questo scenario verrà risolto in uno di questi tre modi:

1. Il processo buste paga si adeguerà e utilizzerà la prospettiva degli acquisti. La prospettiva degli acquisti su **Fornitore** diventerà il termine del Linguaggio Comune di Business per riferirsi ad esso e quindi il processo buste paga utilizzerà lo stesso nome e significato.

2. Gli acquisti dovranno cambiare prospettiva. Il payroll potrebbe sollevare alcuni punti davvero importanti su un **Fornitore** che ci faranno tornare

indietro e aggiornare il significato di **Fornitore** per tutti.

3. Avremo bisogno di mantenere una mappatura. Sia gli acquisti che le buste paga manterranno prospettive separate e creeremo una mappatura in modo che possano parlare tra loro (Rosedata Stone).

Precisione

Precisione significa "esattamente o nettamente definito o dichiarato". Per quanto riguarda il raggiungimento di un Linguaggio Comune di Business, la precisione è stabilire il nome, la definizione e la relazione di un termine in modo che possa essere inteso in un solo modo e non in più di uno.

Precisione non significa che ci sia un solo nome e significato per un termine. Ad esempio, Bakery A può ancora chiamarlo **Cookie**, Bakery B può chiamarlo **Biscotto** e Corporate può chiamarlo **Cookie**. Tuttavia, la definizione aziendale di **Cookie**, se si tratta del termine Linguaggio Comune di Business, deve essere sufficientemente chiara da poter essere letta e compresa in un solo modo.

Rendere i termini precisi è un lavoro duro. Dobbiamo trasformare l'ambiguità nella nostra comunicazione verbale e talvolta scritta in una forma in cui cinque persone possano leggere il termine e ognuna ottenere una singola immagine chiara del termine, non cinque diverse interpretazioni. Ad esempio, un gruppo di utenti di business definisce inizialmente **Prodotto** come:

Qualcosa che noi produciamo con l'intenzione di vendere a scopo di lucro.

Questa definizione è precisa? Se io e te leggiamo questa definizione, siamo concordi su cosa significa *qualcosa*? È qualcosa di tangibile come un martello o invece un qualche tipo di servizio? Se è un martello e lo doniamo a un'organizzazione senza scopo di lucro, è ancora un martello? Dopotutto, non ne abbiamo ricavato alcun *profitto*. La parola *intenzione* può coprirci, ma comunque, questa parola non dovrebbe essere spiegata in modo più dettagliato? E *noi* chi siamo? È tutta la nostra organizzazione o forse solo un sottoinsieme? Cosa significa *lucro* ad ogni modo? Due persone possono leggere la parola *lucro* e vederla in modo molto diverso?

È questo il problema: dobbiamo pensare come un detective per trovare lacune e affermazioni ambigue nel testo per rendere i termini precisi. Dopo qualche discussione, la nostra definizione di **Prodotto** viene aggiornata:

Un prodotto, noto anche come prodotto finito, è qualcosa che può essere venduto a un consumatore. Ha completato il processo di produzione, contiene un involucro ed è etichettato per la rivendita. Un prodotto è diverso da una materia prima e da un semilavorato. Una materia prima come lo zucchero o il latte e un semilavorato come il cioccolato fuso non vengono mai venduti al consumatore. Se in futuro lo zucchero o il latte vengono venduti direttamente ai consumatori, allora lo zucchero e il latte diventano prodotti.

Esempi:
Widgets cioccolato fondente 42 oz
Lemonizer 10 oz
Blueberry pickle juice 24 oz

Chiedete ad almeno cinque persone di vedere se sono tutte d'accordo sulla definizione di prodotto di questa particolare iniziativa. Il modo migliore per testare la precisione è provare a rompere la definizione. Pensa a molti esempi e verifica se tutti decidono se gli esempi sono prodotti o meno.

Sebbene i nostri esempi di precisione si siano concentrati sul significato dei termini, la precisione è ugualmente importante per la denominazione dei termini.

Una volta ho lavorato con una compagnia di assicurazioni ai cui dipendenti è stato detto di utilizzare **Prodotto** invece che **Polizza**. Questa era una cattiva idea perché **Prodotto** è molto più ampio e vago di **Polizza**. Un **Prodotto** può essere una **Polizza** ma può anche essere un annuncio video di YouTube prodotto da questa compagnia di assicurazioni. È questo ciò che la compagnia di assicurazioni intendeva con l'introduzione di questo nome?

La precisione è fondamentale per supportare il modo in cui lavorano le aziende. Ad esempio, mia moglie lavora come primo soccorritore nella nostra città. All'inizio di quest'anno, una chiamata al 911 ha riferito che qualcuno stava avendo un attacco di cuore nel nostro parco. A causa della mancanza di precisione riguardo a dove si trovava questa persona all'interno del parco — c'erano diversi ingressi al parco — la squadra dell'ambulanza ha trascorso 30 minuti a cercare di trovare la persona, e quando la persona è stata trovata era troppo tardi.

William Mayo, CIO del Broad Institute of MIT e Harvard ha dichiarato:

> La capacità di applicare algoritmi in tempo reale a livelli finemente granulari per trovare schemi e intuizioni precedentemente nascosti dipende tutto da un'eccellente comprensione della domanda che stai ponendo e della natura dei dati.[4]

---

[4] https://insights.techreview.com/excelling-in-the-new-data-economy/.

"Avere un'ottima comprensione della domanda che stai ponendo" richiede una spiegazione precisa dei termini della domanda. Se non abbiamo tutti la stessa comprensione del **Prodotto**, ad esempio, una semplice domanda come "Quanti prodotti abbiamo?" non è più così semplice da rispondere.

Nelle mie attività di consulenza e training, assisto ogni organizzazione con cui lavoro che cerca di cimentarsi con termini precisi. Nel 1967 G.H. Mealy ha scritto un white paper in cui ha fatto questa dichiarazione:

> Non abbiamo, a quanto pare, una serie di nozioni molto chiare e comunemente concordate sui dati - né cosa sono, come dovrebbero essere procurati e trattati, né la loro relazione con la progettazione dei linguaggi di programmazione e dei sistemi operativi.[5]

Sebbene il signor Mealy abbia fatto questa affermazione più di 50 anni fa, se sostituiamo *linguaggi di programmazione e sistemi operativi* con la parola *database* o *datastore*, possiamo adattare la sua dichiarazione ad oggi.

Puntare alla precisione può aiutarci a comprendere meglio i nostri dati e, per estensione, i nostri termini di business.

---

[5] G. H. Mealy, "Another Look at Data," AFIPS, pp. 525-534, 1967 Proceedings of the Fall Joint Computer Conference, 1967. http://tw.rpi.edu/media/2013/11/11/134fa/GHMealy-1967-FJCC-p525.pdf.

Un primo passo per risolvere un problema è capire cosa l'ha causato in primo luogo. Nelle mie classi di data modeling, utilizzo il *Precision Diamond*[6] per stabilire una o più cause di mancanza di precisione per una particolare iniziativa.

Diamond

Ci sono quattro fattori che portano ad avere più nomi e significati per lo stesso termine. Useremo **Cliente** come esempio per illustrare ciò che ho creato e chiamato *Precision Diamond*. Secondo il Experian Global Data Management Research Report, i driver più forti per ottenere una visione unificata di Cliente sono:[7]

- Migliorare la customer experience: 42%
- Migliorare l'efficienza operativa: 38%
- Migliorare le decisioni strategiche: 37%
- Aumentare customer retention: 36%
- Aumentare le vendite: 36%
- Ridurre i costi: 33%

---

[6] *Data Modeling Master Class Training Manual*, 8th Edition, 2019, Technics Publications.

[7] *2019 Experian Global Data Management Research Report*. https://bit.ly/36JjJdL.

Se siamo in grado di identificare i fattori che guidano ogni situazione particolare, possiamo affrontarli e raggiungere la precisione del termine. Parliamo dei quattro fattori di Context (contesto), Time (tempo), Motive (motivo) e State(stato).

Precision Diamond

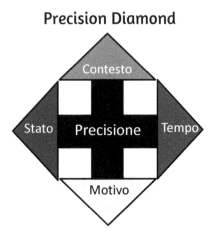

Context (contesto)

Ognuno di noi si avvicina a un'iniziativa con una serie di delimitazioni. Potrei considerare l'iniziativa contenuta da un ambito di marketing e tu potresti guardare la stessa iniziativa da un ambito di vendita. L'ambito o il contesto è la prospettiva con cui ciascuna "parte" vede il termine. **Cliente** potrebbe essere ambiguo a causa di differenze di contesto come queste:

- **Dipartimento vs organizzazione**. Il reparto marketing considera i prospects come clienti, ma non il senior management.

- **Dipartimento vs dipartimento**. Il reparto marketing considera i prospects come clienti, ma il reparto vendite considera clienti solo coloro che hanno effettuato ordini.

- **Organizzazione vs vendor package**. Il senior management non considera i prospects come clienti, ma il nuovo pacchetto CRM dl vendor sì.

Qualche anno fa ho lavorato con una grande agenzia federale. Durante il progetto, ho scoperto un'incredibile quantità di ambiguità nel modo in cui i termini venivano nominati, usati e definiti. Ad esempio, c'erano 26 diverse definizioni per una **Facility**! Ecco due esempi reali di queste definizioni, con i nomi dei dipartimenti modificati in A e B:

Termine	Dipartimento	Definizione
commercial waste management facility	A	Un impianto di trattamento, stoccaggio, smaltimento o trasferimento che accetta rifiuti da una varietà di sorgenti a scopo di lucro. Una struttura commerciale gestisce uno spettro più ampio di rifiuti rispetto a una struttura privata, che normalmente gestisce un volume o una tipologia di rifiuti limitati.
commercial waste management facily	B	Un impianto di trattamento, stoccaggio, smaltimento o trasferimento che accetta rifiuti da una varietà di sorgenti, rispetto a un impianto privato che normalmente gestisce un flusso di rifiuti limitato generato dalle proprie operazioni.

Esiste un problema di contesto tra reparto e reparto con queste due definizioni, soprattutto quando si tratta di profitto. Il Dipartimento A afferma che un impianto di gestione dei rifiuti commerciali accetta i rifiuti a scopo di lucro, ma il Dipartimento B non considera il profitto nella definizione di **Facility**.

Dobbiamo risolvere differenze come questa prima di sapere cosa sia realmente una **Facility**.

Time (Tempo)

E poi c'è il cambiamento. Anche dopo che è stato raggiunto il consenso su ciò che deve essere rappresentato nel sistema informativo, è necessario considerare l'impatto del cambiamento. Quanto cambiamento può sopportare una cosa ed essere ancora la "stessa cosa"?

... Supponiamo che io e te iniziamo a scambiare parti delle nostre auto — pneumatici, ruote, trasmissioni, sospensioni, ecc. Ad un certo punto avremo scambiato le auto, nel senso che il Dipartimento dei veicoli a motore deve modificare i propri record su chi possiede quale auto - ma quando? Qual è la "cosa" che una volta era la mia macchina e quando l'hai acquistata?[8]

---

[8] *Data and Reality: A Timeless Perspective on Perceiving and Managing Information in Our Imprecise World*, 3rd ed., William Kent, Technics Publications, 2012.

Questo eloquente riepilogo di *Data and Reality* sottolinea
che i termini possono cambiare nel tempo. Il **Cliente**
potrebbe essere ambiguo per via del tempo:

- **Oggi vs il passato.** Ad esempio, 15 anni fa il
  Cliente poteva non comprendere individui ma solo
  organizzazioni, oggi invece sono inclusi individui.

- **Oggi vs il passato.** Ad esempio, tra 15 anni, il
  Cliente includerà non solo individui e
  organizzazioni, ma anche forme di vita aliene - lo
  so, troppo *Star Trek*.

Dal tempo della Bibbia di Gutenberg fino a circa 20 anni fa,
questa definizione di libro sarebbe stata sufficiente:

> Un libro è infatti definito come un'opera scritta o
> stampata composta da pagine incollate o cucite insieme
> lungo un lato e rilegate in copertine che comunicano
> informazioni.[9]

Tuttavia, con eBook e audiolibri questa definizione
potrebbe non essere più sufficiente.

Motive (Motivo)

Dei quattro fattori che portano ad avere nomi diversi per
lo stesso termine, il motivo può essere il più difficile da
scoprire e il più difficile da risolvere. Possono esserci
ragioni nascoste di prestigio o reddito che inducono le

---

[9] https://bit.ly/2OdseqP.

persone a nominare o definire un termine in un certo modo. Aggiungere precisione quando sono in gioco le motivazioni può portare qualcuno a perdere qualcosa che non vuole perdere.

Ho lavorato con una grande azienda manifatturiera che aveva due prospettive diverse su il valore delle "key sales". La prospettiva contabile e amministrativa voleva che il numero fosse il più piccolo possibile per ridurre le tasse, mentre il "sales team" voleva che il numero fosse il più grande possibile per massimizzare le commissioni. Il motivo economico può essere una prospettiva difficile da cambiare.

State (Stato)

Le persone possono visualizzare un termine a un certo punto del ciclo di vita di quel termine. Il **Cliente** potrebbe essere ambiguo a causa del suo stato (noto anche come ciclo di vita). Ad esempio, un **Cliente** parte come **Prospect**. Ciò può portare a ambiguità poiché alcuni possono includere **Prospect** nel significato di **Cliente** mentre altri no.

Per illustrare i problemi del ciclo di vita, ho svolto un incarico con una grande Università della California che non è riuscita a mettersi d'accordo su cosa sia uno **Studente**. Da allora ho imparato che questa è una sfida comune tra le università. Questa mancanza di precisione nella definizione di **Studente** era dovuta a questioni burocratiche statali. Il dipartimento di ammissione aveva una definizione molto diversa per **Studenti**, rispetto agli "Alumni affairs", per esempio. Il dipartimento di ammissione includeva i senior della high school nella loro definizione. Cioè, quelli che si sono iscritti all'Università. Mentre gli "Alumni affairs" consideravano **Studenti** solo quelli che avevano conseguito una laurea in questa Università.

Minimale

Possiamo mantenere la precisione ma anche mostrare solo ciò che è significativo da mostrare. La precisione non richiede la visualizzazione di tutti i dettagli, ma solo quelli sufficienti per consentire la comprensione dei termini in un unico modo. Potremmo conoscere un bel po' di informazioni descrittive sul **Cliente,** come nome, data di nascita e indirizzo e-mail. Queste informazioni descrittive, chiamate proprietà o attributi, sono troppo granulari per essere catturate in un BTM. Ad esempio, il nostro obiettivo deve essere il **Cliente** e non il nome del **Cliente**.

L'anno scorso ho lavorato con un team presso un grande produttore di beni di consumo. Il nostro scopo era la finanza. C'erano molte misurazioni finanziarie importanti, come il **Profitto**, il **Return on Total Asset** e il **Debito**. Tuttavia, dovevamo visualizzare la finanza a un livello molto più alto perché il livello più alto è quello in cui era necessaria la precisione. Abbiamo affrontato termini quali **Legal Entity** e **Business Unit**, poiché questi dovevano essere identificati e definiti in modo coerente in tutta l'organizzazione. Dopo aver ottenuto la precisione a questo livello superiore, siamo stati in grado di passare a ulteriori dettagli come le misure finanziarie che potrebbero apparire in un conto economico.

Visuals

Ricordi il detto: "un'immagine vale più di mille parole?" È proprio vero. Abbiamo bisogno di un diagramma o di una figura che mostri i nostri termini. Potremmo leggere un intero documento ma non raggiungere quel momento di chiarezza finché non vediamo una figura o un'immagine che riassume tutto. Noi umani siamo animali molto visivi e dobbiamo assicurarci di vedere le cose sotto forma di immagini invece che di testo per ottenere il massimo dalla comunicazione. Le parole vengono elaborate 60.000 volte più lentamente delle immagini.[10]

Troppo spesso vediamo cose come testo. Ad esempio, mia figlia si stava preparando per un test sulla respirazione aerobica mentre stavo redigendo questo capitolo. I suoi

---

[10] https://mouthmedia.com/blog/the-power-of-visuals-over-words/.

appunti erano solo testo, la sua calligrafia descriveva le fasi della respirazione aerobica inclusi gli input e gli output di ogni fase. È stato così difficile seguire il testo. Alla fine, ho cercato su Google la respirazione aerobica e ho trovato questo grafico:

Respirazione Aerobica

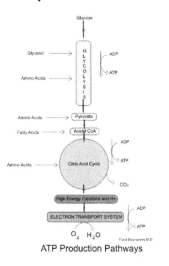

ATP Production Pathways

[11]

Questo ha reso molto più facile per lei e per me capire il processo di creazione di energia.

---

[11] https://commons.wikimedia.org/wiki/File:Aerobic_pathways.png.

Takeaways

- Precisione significa che c'è una sola interpretazione per un termine. Ciò include il nome, la definizione e / o le relazioni del termine con altri termini. La maggior parte dei problemi che le organizzazioni devono affrontare in relazione alla crescita, alla credibilità e al salvataggio di vite, derivano da una mancanza di precisione.

- Il **Precision Diamond** rivela le quattro fonti di imprecisione: contesto, tempo, motivo e stato.

- **Minimale** significa mostrare solo i dettagli sufficienti per consentire la comprensione dei termini in un solo modo.

- **Visuals** significa che abbiamo bisogno di un'immagine invece di molto testo. "Un'immagine vale più di mille parole."

CAPITOLO 3

Soluzione

Dopo pranzo nel corso della settimana, torni al panificio principale di Chips Inc. per concederti un altro biscotto gratuito con gocce di cioccolato. Cerchi di non farti distrarre dai deliziosi odori dei pasticcini, e dopo aver finito il tuo biscotto, ti presenti allo staff del panificio e conosci chi si occupa degli acquisti per questo panificio.

È una giornata tranquilla al panificio e lei si siede con te per un tempo sufficiente per completare il seguente BTM insieme alle definizioni per ogni termine.

Termine	Definizione
Materia prima	Un materiale utilizzato nella creazione di prodotti da forno: è un materiale semilavorato o un ingrediente. Ad esempio, per creare una torta sono necessari gli ingredienti zucchero e latte, e sono necessari i semilavorati quali glassa e fondente.
Ingrediente	Un materiale utilizzato nella creazione di prodotti da forno che, dal punto di vista del buyer, non può essere scomposto in pezzi più piccoli. Ad esempio, per creare una torta, sono necessari gli ingredienti zucchero e latte.
Materiale semilavorato	Un materiale utilizzato nella creazione di prodotti da forno che, dal punto di vista del buyer, contiene più ingredienti. Ad esempio, per creare una torta, sono necessari i materiali semilavorati quali glassa e fondente. La glassa contiene gli ingredienti: zucchero a velo, panna, burro e vaniglia. Il fondente contiene gli ingredienti: zucchero, acqua e sciroppo di mais.

Questo BTM è ben definito, preciso, minimale e visivo: ricorda le quattro esigenze discusse nel capitolo precedente. Non abbiamo scelto di affrontare tutti i termini del panificio; il nostro scopo includeva solo questi tre. C'è solo un modo per leggere questo modello: i nomi e le definizioni sono univoci e quindi non possono essere interpretati, rendendo il modello preciso. Vengono visualizzate solo informazioni minime. Avremmo potuto includere proprietà come il **Nome della Materia Prima** e la **Descrizione della Materia Prima**, ma queste ulteriori informazioni aumentano la complessità senza valore aggiunto. Il diagramma è anche una potente visualizzazione.

Questo capitolo introduce il BTM come uno strumento preciso, minimo e visivo finalizzato a una particolare iniziativa. Vengono spiegati anche i componenti BTM, quindi puoi leggere modelli come quello sopra. Sperimenteremo le variazioni dei modelli di termini aziendali relazionali e dimensionali e guarderemo come diversi strumenti di modellazione dati visualizzano BTM, inclusi CaseTalk, ER / Studio, erwin DM e Hackolade.

Modelli

Durante la stesura di questo capitolo, avevo bisogno di recarmi a Manhattan per un incontro. Sono uscito dalla metropolitana a Times Square nelle ore di punta. Era buio e c'erano persone e macchine ovunque. Non sapevo da che parte andare a piedi, in che modo i numeri civici delle strade diminuiscono o quelli dei viali aumentano? Sovraccarico sensoriale!

Ho aperto Google Maps sul mio telefono e ho digitato l'indirizzo di destinazione. La mappa ha eliminato tutte le complessità intorno a me come folle, automobili ed edifici, e mostrava semplicemente un'immagine semplice che mi ha aiutato a navigare.

La mappa è un modello potente. Un modello è un linguaggio di simboli e testo che semplifica un sottoinsieme del mondo reale includendo solo rappresentazioni di ciò che dobbiamo capire. Molto viene filtrato su un modello, creando un riflesso "falso" ma estremamente utile della realtà.

Dobbiamo "parlare" una lingua prima di poter discutere dei contenuti. Cioè, una volta che sappiamo come leggere i simboli su un modello (sintassi), possiamo discutere di cosa rappresentano i simboli (semantica). Una volta compresa la sintassi, possiamo discutere la semantica.

Facciamo regolarmente uso di modelli. Ad esempio, una mappa aiuta un visitatore a navigare in una città. Una volta che sappiamo cosa significano i simboli su una mappa, come le linee che rappresentano le strade e il blu che rappresenta l'acqua, possiamo leggere la mappa e usarla come un prezioso strumento di navigazione per comprendere un paesaggio geografico.

Mappa di un paesaggio geografico

Un organigramma aiuta un dipendente a comprendere le relazioni gerarchiche. L'organigramma contiene anche rappresentazioni, come caselle che rappresentano persone e linee che rappresentano relazioni di reporting. Una volta che sappiamo cosa significano le caselle e le linee su un organigramma, possiamo comprendere le relazioni di reporting gestionale e il contesto organizzativo.

Mappa del contesto organizzativo

Un progetto aiuta un architetto a comunicare i piani di costruzione. Anche il progetto contiene solo rappresentazioni, come rettangoli per stanze e linee per tubi. Una volta che sappiamo cosa significano i rettangoli e le linee su un progetto, sappiamo come sarà la struttura e possiamo capire il contesto architettonico.

Mappa del contesto architettonico

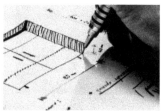

Il "business terms model" aiuta i professionisti IT e aziendali a comprendere i termini insieme alle loro definizioni e connessioni. Anche il BTM contiene solo rappresentazioni, come rettangoli per i termini e linee per i collegamenti. Una volta che sappiamo cosa significano i rettangoli e le linee su un BTM, possiamo discutere ed eventualmente concordare i termini insieme ai loro significati e connessioni, e quindi comprendere il contesto informativo.

Mappa del contesto informativo

BTMs

Affinare la nostra attenzione dai modelli in generale al BTM:

Un BTM è un linguaggio di simboli e testo che semplifica un panorama informativo fornendo uno strumento preciso, minimo e visivo mirato a una particolare iniziativa e su misura per un particolare pubblico.

Questa definizione include le esigenze di essere ben mirato, preciso, minimo e visivo. Conoscere il tipo di elemento visivo che avrà la maggiore efficacia richiede la conoscenza dei destinatari del modello.

I destinatari includono le persone che convalideranno e utilizzeranno il modello. Convalidare significa dirci se il modello è corretto o necessita di aggiustamenti. Usare significa leggere e trarre vantaggio dal modello. L'ambito comprende un'iniziativa, come un progetto di sviluppo di applicazioni o un programma di business intelligence.

Conoscere i destinatari e l'ambito ci aiuta a decidere quali termini modellare, cosa significano i termini, come si relazionano tra loro e quale tipo di immagine avrebbe il maggiore beneficio. Inoltre, conoscere l'ambito ci assicura di non "strafare" e modellare ogni termine possibile, ma di concentrarci solo su quelli che aggiungeranno valore alla nostra attuale iniziativa.

Un BTM spesso si adatta bene a un singolo foglio di carta — e non intendo carta formato plotter! Limitare un BTM a una pagina è importante perché ci spinge a selezionare solo i termini chiave. Possiamo inserire 20 termini in una pagina ma non 500 termini.

Essendo ben definito, preciso, minimale e visivo, il BTM fornisce un "Linguaggio Comune di Business". Siamo in grado di catturare e comunicare processi e requisiti aziendali complessi e comprensivi, consentendo a persone con background e ruoli diversi di discutere e, dapprima, dibattere i termini, poi, di comunicare in modo efficace utilizzando questi termini.

Componenti

I tre componenti di un BTM sono termini, relazioni e definizioni.

Termini

Un **termine** è un sostantivo che rappresenta una raccolta di dati aziendali ed è considerato sia basilare che fondamentale per il tuo pubblico per una particolare iniziativa. Basilare significa che questo termine è menzionato frequentemente nelle conversazioni durante la discussione dell'iniziativa. Fondamentale significa che l'iniziativa sarebbe molto diversa o inesistente senza questo termine.

La maggior parte dei termini è facile da identificare e include nomi comuni in tutti i settori, come **Cliente**, **Dipendente** e **Prodotto**. I termini possono avere nomi e significati diversi all'interno di dipartimenti, organizzazioni o settori in base al pubblico e all'iniziativa (ambito). Una compagnia aerea può chiamare un **Cliente** un *Passeggero*, un ospedale può chiamare un **Cliente** un *Paziente*, una compagnia di assicurazioni può chiamare un **Cliente** un *Contraente*, ma sono tutti destinatari di beni o servizi.

Ogni termine rientra in una delle sei categorie: chi, cosa, quando, dove, perché o come. Cioè, ogni termine è un chi, cosa, quando, dove, perché o come. La tabella nella pagina successiva contiene una definizione di ciascuna di queste categorie insieme ad esempi.

I termini vengono visualizzati come rettangoli in un BTM, come questi due per il nostro esempio di panetteria:

| Cookie | Ingrediente |

Categoria	Definizione	Esempi
Chi	Persona o organizzazione di interesse per l'iniziativa.	Dipendente, Paziente, Giocatore, Sospetto, Cliente, Venditore, Studente, Passeggero, Concorrente, Autore
Cosa	Prodotto o servizio di interesse per l'iniziativa. Ciò che l'organizzazione fa o fornisce che la mantiene in attività.	Prodotto, servizio, materia prima, bene finito, corso, canzone, fotografia, preparazione fiscale, polizza, cookie
Quando	Calendario o intervallo temporale di interesse per l'iniziativa.	Programma, semestre, periodo fiscale, durata
Dove	Location di interesse per l'iniziativa. La posizione può riferirsi a luoghi reali così come luoghi elettronici.	Indirizzo di casa del dipendente, punto di distribuzione, sito web del cliente
Perché	Evento o transazione di interesse per l'iniziativa.	Ordine, reso, reclamo, ritiro, pagamento, scambio
Come	Documentazione dell'evento di interesse per l'iniziativa. Registra eventi come un Ordine di Acquisto (un "Come") che registra un evento di un Ordine (un "Perché"). Un documento fornisce la prova che si è verificato un evento.	Fattura, contratto, accordo, ordine di acquisto, biglietto per eccesso di velocità, bolla di accompagnamento, conferma commerciale

Le istanze dei termini sono le occorrenze, esempi o valori di un termine particolare. Il termine **Cookie** può avere più istanze come biscotti con gocce di cioccolato, burro di arachidi e zucchero. Il termine **Ingrediente** può avere più istanze come zucchero, farina e arachidi.

Relazioni

Una relazione rappresenta una connessione di business tra due termini e viene visualizzata sul BTM come una linea che collega questi due termini. Ad esempio, ecco una relazione tra **Cookie** e **Ingrediente**:

La parola Contiene è chiamata *etichetta*. Un'etichetta aggiunge significato alla relazione. Invece di dire semplicemente che un **Cookie** deve essere correlato a un **Ingrediente**, possiamo dire che un **Cookie** deve contenere **Ingredienti**. "Contenere" è più significativo di "relazionarsi".

Una relazione può rappresentare una regola aziendale o un percorso di navigazione, a seconda dello scopo del modello.

Se l'obiettivo dell'iniziativa è acquisire il funzionamento di un processo aziendale, in previsione dell'introduzione, della sostituzione, dell'integrazione o della personalizzazione di un'applicazione operativa, è molto importante comprendere e acquisire le regole che governano i termini. Ad esempio, la relazione tra **Cookie** e **Ingrediente** cattura la regola aziendale che un **Cookie** deve contenere **Ingredienti**. Il tipo di BTM che cattura le regole è chiamato *relazionale*.

Se l'obiettivo dell'iniziativa è acquisire le prestazioni di un processo aziendale in previsione dell'introduzione, della sostituzione, dell'integrazione o della personalizzazione di un'applicazione di analytics, le domande quantitative a cui è necessario rispondere nell'ambito dell'iniziativa di analisi sono molto importanti per identificare e catturare. Ad esempio, se volessimo sapere come sta andando il processo di acquisto, potremmo identificare queste domande quantitative come importanti a cui rispondere:

1. Quanto in ingredienti abbiamo acquistato questo trimestre in tutte le nostre panetterie?
2. Quanto ha speso il panificio A nell'ultimo trimestre in ingredienti?
3. Quanto abbiamo speso per tutti gli ingredienti per tutti i panifici a marzo 2020?

Il tipo di BTM che cattura i percorsi di navigazione per rispondere a domande quantitative come queste è chiamato *dimensionale*. Ecco un esempio di un BTM dimensionale che può rispondere a queste tre domande sulle prestazioni di acquisto:

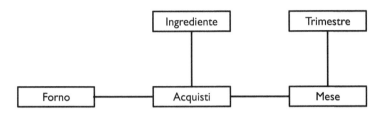

Questo BTM dimensionale ci consente di visualizzare gli acquisti a diversi livelli di granularità, ad esempio per un particolare **Forno**, **Ingrediente** e **Mese**. Possiamo anche visualizzare gli acquisti per un particolare **Panificio**, **Ingrediente** e **Trimestre** navigando dal **Mese** al **Trimestre**.

Un BTM dimensionale non contiene etichette di relazione come il relazionale. Ogni linea di relazione su una dimensione esiste esclusivamente per aiutare con la navigazione e non per acquisire una regola aziendale, che è dove le etichette verrebbero utilizzate.

Riassumendo, quando c'è bisogno di capire come funzionano i processi, abbiamo a cuore le regole e costruiremo quindi un BTM relazionale. Quando è necessario capire come si stanno comportando i processi, ci preoccupiamo delle domande quantitative e quindi costruiremo un BTM dimensionale.

Esploreremo i BTM relazionali e dimensionali in maggiore dettaglio più avanti in questo capitolo e anche nel resto del libro. Torniamo ora alle relazioni.

Finora sappiamo che una relazione rappresenta una connessione di business tra due termini. Sarebbe bello sapere di più sulla relazione, ad esempio se un **Cookie** può contenere molti **Ingredienti** o se un **Ingrediente** può essere utilizzato per cuocere molti **Cookie**. È qui che entra in gioco la cardinalità.

Cardinalità

Le cardinalità sono simboli aggiuntivi sulla linea di relazione che comunicano quante istanze di un termine partecipano alla relazione con le istanze dell'altro termine. Ad esempio, sulla relazione tra **Cookie** e **Ingrediente**, la cardinalità può mostrare quanti **Cookie** contengono un particolare **Ingrediente** e quanti **Ingredienti** vengono utilizzati per cuocere un particolare **Cookie**.

Esistono diverse notazioni di modellazione e ogni notazione ha il proprio set di simboli. In questo libro, usiamo una notazione chiamata *Information Engineering*. La notazione IE è stata una notazione molto popolare sin dai primi anni '80. Se si utilizza una notazione diversa da IE all'interno della propria organizzazione, sarà necessario tradurre i simboli nei simboli corrispondenti nella notazione di modellazione. Vedremo a breve esempi di altre notazioni.

Per la cardinalità, possiamo scegliere qualsiasi combinazione di zero, uno o molti. *Molti* (alcune persone usano "più") significa qualsiasi numero maggiore di uno.

La specifica di una o più istanze ci consente di acquisire *quante* istanze di un termine particolare partecipano a una determinata relazione. Specificare zero o uno ci consente di acquisire se un'istanza di termine è o non è richiesta in una relazione. Ricorda questa relazione tra **Cookie** e **Ingrediente**:

Aggiungiamo ora la cardinalità.

Dobbiamo porre quelle che chiamo domande sulla *Partecipazione* per saperne di più. Le domande sulla partecipazione ci dicono se la relazione è "uno" o "molti". Quindi per esempio:

- Un **Cookie** può contenere più di un **Ingrediente**?
- È possibile utilizzare un **Ingrediente** per cuocere più di un **Cookie**?

Un semplice foglio di calcolo può tenere traccia di queste domande e delle loro risposte:

Domanda	Sì	No
Un Cookie può contenere più di un Ingrediente?		
È possibile utilizzare un Ingrediente per cuocere più di un Cookie?		

Chiediamo al buyer del panificio e riceviamo queste risposte:

Domanda	Sì	No
Un Cookie può contenere più di un Ingrediente?	✓	
È possibile utilizzare un Ingrediente per preparare più di un Cookie?	✓	

Apprendiamo che un **Cookie** può contenere più di un **Ingrediente** come zucchero e farina. Apprendiamo anche che un **Ingrediente** come lo zucchero può essere utilizzato per preparare più **Cookies**, come per cuocere **Cookies** con gocce di cioccolato e biscotti al burro di arachidi. Quindi un **Cookie** può contenere molti **Ingredienti** e un **Ingrediente** può essere utilizzato per preparare molti **Cookies**. "Molti" su un modello di dati nella notazione IE è un simbolo che assomiglia a una *zampa di corvo* (ed è chiamato *zampa di corvo* dai data folks):

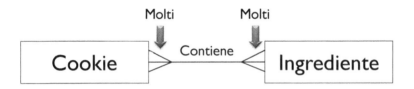

Ora sappiamo di più sulla relazione:

- Ogni **Cookie** contiene molti **Ingredienti**.
- Ogni **Ingrediente** viene utilizzato per cuocere molti **Cookies**.

Inoltre, uso sempre la parola "ogni" nella lettura di una relazione e inizio con il termine che ha più senso per il lettore, di solito quello che ha l'etichetta di relazione più chiara. I panettieri potrebbero pensare che **Cookie** sia un punto di partenza migliore di **Ingrediente**, ad esempio, per leggere la relazione. Sii flessibile e inizia dal lato che ha più senso.

Questa relazione non è ancora precisa, però. Oltre a porre queste due domande sulla partecipazione, dobbiamo anche porre quelle che io chiamo domande sull'*Esistenza*. L'Esistenza ci dice per ogni relazione se un termine può esistere senza l'altro termine. Per esempio:

- Può esistere un **Cookie** senza **Ingredienti**?
- Può esistere un **Ingrediente** senza **Cookies**?

Chiediamo agli esperti di panetteria e riceviamo queste risposte:

Domanda	Sì	No
Può esistere un Cookie senza Ingredienti?		✓
Può esistere un Ingrediente senza Cookies?	✓	

Così apprendiamo che un **Cookie** non può esistere senza **Ingredienti**. Ciò significa, ad esempio, che un **Cookie** con gocce di cioccolato deve avere almeno un **Ingrediente**. Inoltre, apprendiamo che puoi avere **Ingredienti** che non vengono utilizzati nella cottura dei **Cookies**. Forse la glassa, ad esempio, è un **Ingrediente** che il panificio utilizza sulle torte ma non sui **Cookies**.

Ecco come apparirebbero le risposte a queste due domande sul modello:

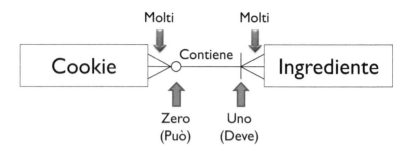

Dopo aver aggiunto l'esistenza, abbiamo una relazione precisa:

- Ogni **Cookie** deve contenere molti **Ingredienti**.
- Ogni **Ingrediente** può essere utilizzato per cuocere molti **Cookies**.

Chiamo le domande sull'esistenza anche domande May / Must. Le domande sull'Esistenza ci dicono quando leggiamo la relazione, se diciamo "può" (May) o "deve" (Must). Uno zero significa "può", indicando opzionalità — l'entità può esistere senza l'altra entità. Gli **Ingredienti** *possono* essere utilizzati per cuocere i **Cookies**, ad esempio. Uno significa "deve", indicando richiesto — l'entità non può esistere senza l'altra entità. Il **Cookie** *deve* contenere **Ingredienti**, ad esempio.

Quindi, per riassumere, le domande sulla partecipazione rivelano se ogni entità ha una relazione o più con l'altra entità. Le domande sull'Esistenza rivelano se ogni entità ha una relazione facoltativa ("può") o obbligatoria ("deve") con l'altra entità.

Se la partecipazione e l'esistenza non sono ancora chiare, non preoccuparti. Faremo pratica attraverso molti altri esempi. Inoltre, più BTM crei, più facile diventerà pensare alla partecipazione e all'esistenza per ogni relazione.

Usa le istanze per rendere le cose chiare all'inizio e alla fine per aiutare quando spieghi i tuoi BTM ai colleghi. Su questo modello ad esempio:

Possiamo usare questo dataset come esempio:

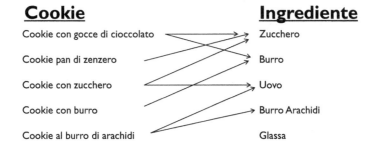

Anche se mi piace mangiare i biscotti, non sono un bravo fornaio, anche se sono in grado di fare un sandwich con burro di arachidi e marmellata. Non ho la lista degli ingredienti corretti riportata sopra, ma è un'illustrazione della cardinalità nel nostro modello. Il nostro modello mostra che un **Cookie** deve contenere uno o più **Ingredienti** e puoi vedere che tutti i **Cookies** sopra contengono almeno un **Ingrediente**. Inoltre, sappiamo dal nostro modello che ogni **Ingrediente** può essere utilizzato per cuocere molti **Cookies**. E lo puoi vedere anche qui. Tutti gli **Ingredienti** vengono utilizzati per cuocere almeno un **Cookie** tranne la glassa.

Rispondere a tutte e quattro le domande porta a una relazione precisa. Preciso significa che leggiamo tutti il modello nello stesso identico modo. Ad esempio, ecco solo alcune delle domande a cui possiamo rispondere con il nostro modello preciso:

- Un cookie può contenere più ingredienti? *Sì, un cookie può contenere zucchero, farina, ecc.*

- Un ingrediente può appartenere a più di un cookie? *Sì, un ingrediente può essere utilizzato nella cottura di molti cookies, come quelli al burro di arachidi e quelli con gocce di cioccolato.*

- Può esistere un cookie con gocce di cioccolato senza ingredienti? *No, devi avere almeno un ingrediente in un cookie con gocce di cioccolato.*

- Può esistere un ingrediente senza un cookie? *Sì, alcuni ingredienti sono solo per torte come la glassa.*

Diamo un'occhiata ad altri due termini, **Fornitore** e **Ingrediente**:

Apprendiamo che esiste una connessione commerciale tra questi due termini. Un **Fornitore** può fornire **Ingredienti**:

Quindi facciamo le nostre domande di Partecipazione:

Domanda	Sì	No
Un Fornitore può fornire più di un Ingrediente?	✓	
Un Ingrediente può essere fornito da più di un Fornitore?		✓

Il nostro modello ora ha questo aspetto:

Successivamente poniamo le nostre domande sull'Esistenza:

Domanda	Sì	No
Può esistere un Fornitore senza Ingredienti?	✓	
Può esistere un Ingrediente senza Fornitori?		✓

Il nostro modello ora viene aggiornato a questo:

E leggeremmo questo modello così:

- Ogni **Fornitore** può fornire molti **Ingredienti**.
- Ogni **Ingrediente** deve essere fornito da un **Fornitore**.

Questa relazione ci dice che alcuni **Fornitori** potrebbero non fornire alcun **Ingrediente**. Come può essere questo? Forse abbiamo **Fornitori** che stiamo valutando e li chiamiamo tali ma non ci hanno ancora fornito gli **Ingredienti**.

Annota sempre alcune istanze su una lavagna bianca o su una flipchart se pensi che il tuo pubblico abbia problemi a comprendere la cardinalità:

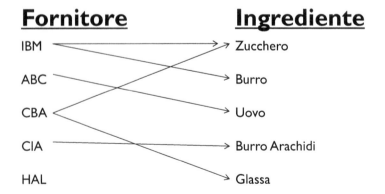

Ogni **Fornitore** può fornire molti **Ingredienti** e possiamo vedere che IBM fornisce due **Ingredienti**, ABC un solo **Ingrediente**, CBA due **Ingredienti**, CIA un **Ingrediente** e HAL nessun **Ingrediente**. Ogni **Ingrediente** deve essere fornito da un **Fornitore** e lo vediamo anche qui.

Aspetta un minuto! Lo zucchero è fornito sia da IBM che da CBA. Il nostro modello dice che questo non può accadere. O il nostro set di dati non è corretto o il modello deve essere aggiornato.

Possiamo utilizzare il nostro BTM per determinare se un **Ingrediente** può essere fornito da più di un **Fornitore**. I BTM parlano di fatti e di esattezza. Andiamo subito al punto e discutiamo. Gli avvocati e gli agenti di polizia spesso parlano e scrivono con una precisione che li renderebbe grandi modellisti (politici, d'altra parte...).

Quindi supponiamo che il set di dati precedente fosse sbagliato e che IBM sia l'unico fornitore di zucchero:

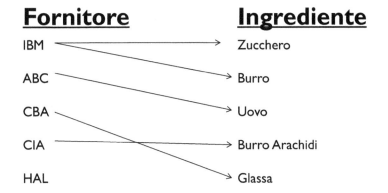

La relazione tra **Cookie** e **Ingrediente** è un esempio di relazione molti-a-molti, poiché un **Cookie** deve contenere molti **Ingredienti** e un **Ingrediente** può essere utilizzato per cuocere molti **Cookies**.

La relazione tra **Fornitore** e **Ingrediente** è una relazione uno-a-molti poiché un **Fornitore** può fornire molti **Ingredienti** e un **Ingrediente** deve essere fornito da un **Fornitore**.

Sii molto chiaro sulle etichette. Le etichette sono i verbi che collegano i nostri termini (nomi) e per leggere qualsiasi frase completa abbiamo bisogno sia dei nomi che dei verbi. A volte un'etichetta diversa può influire sulle risposte alle domande sulla partecipazione e sull'esistenza. Ad esempio, se la relazione tra **Fornitore** e **Ingrediente** è Consegna invece di Fornitura, le risposte alle quattro domande potrebbero essere molto diverse.

Assicurati che le etichette sulle linee di relazione siano il più descrittive possibile. Ecco alcuni esempi di buone etichette:

- Contenere
- Fornire
- Possedere
- Iniziare
- Categorizzare

Evita le seguenti parole come etichette, poiché non forniscono informazioni aggiuntive al lettore. Puoi usare queste parole in combinazione con altre parole per creare un'etichetta significativa; evita di usare queste parole da sole:

- Avere
- Associare
- Partecipare
- Relazionare
- Essere

Ad esempio, sostituisci la frase di relazione:

"Ogni **Fornitore** *può essere associato* a molti **Ingredienti**."

Con:

"Ogni **Fornitore** *può fornire* molti **Ingredienti**."

Creare Sottotipi

Un simbolo di comunicazione molto potente per il BTM è la **relazione di sottotipo**. La relazione di sottotipo viene utilizzata per raggruppare i termini comuni. Ad esempio, i termini **Studente** e **Insegnante** potrebbero essere raggruppati utilizzando il sottotipo sotto il termine

Persona più generico. In questo esempio, **Persona** sarebbe chiamato il termine di raggruppamento o supertipo e **Studente** e **Insegnante** sarebbero i termini raggruppati insieme, noti anche come sottotipi:

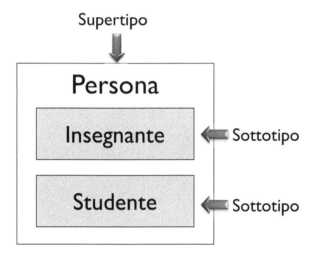

Leggiamo questo modello come:

- Ogni **Persona** può essere un **Insegnante** o uno **Studente**.
- L'**Insegnante** è una **Persona**.
- Lo **Studente** è una **Persona**.

La relazione di sottotipo significa che tutte le relazioni connesse al supertipo da altri termini vengono ereditate da ciascun sottotipo. Pertanto, i rapporti con la **Persona** appartengono anche a **Insegnante** e **Studente**. Quindi, ad esempio, su questo BTM, il rapporto con l'**Auto** appartiene anche a **Insegnante** e **Studente**:

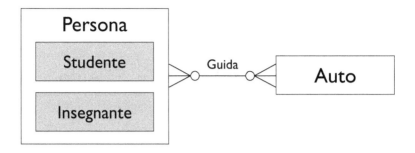

Quindi la relazione:

- Ogni **Persona** può guidare molte **Auto**.
- Ogni **Auto** può essere guidata da molte **Persone**.

Vale anche per **Insegnante** e **Studente**:

- Ogni **Insegnante** può guidare molte **Auto**.
- Ogni **Auto** può essere guidata da molti **Insegnanti**.

- Ogni **Studente** può guidare molte **Auto**.
- Ogni **Auto** può essere guidata da molti **Studenti**.

Non solo i sottotipi riducono la ridondanza su un modello di dati, ma rendono più facile comunicare le somiglianze tra quelli che altrimenti sembrerebbero essere termini distinti e separati.

I sottotipi raggruppano semplicemente i termini comuni ma non implica che siano correlati. Ad esempio, **Insegnante** e **Studente** nel modello precedente non hanno una relazione. Avremmo bisogno di creare una relazione tra **Insegnante** e **Studente** se esiste una connessione tra loro, come ad esempio:

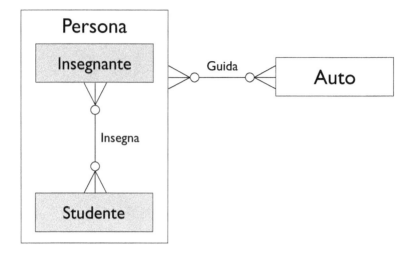

- Ogni **Insegnante** può insegnare a molti **Studenti**.
- Ogni **Studente** può essere istruito da molti **Insegnanti**.

Mapping

La relazione di mappatura cattura diverse prospettive della stessa cosa. Ricorda la visualizzazione che appare nella pagina successiva dei molteplici modi di fare riferimento a un **Cookie**. Ogni freccia in questo oggetto visivo è una relazione di mappatura. Stiamo catturando la relazione tra la prospettiva di un negozio e il nostro Linguaggio Comune di Business.

Una mappatura è limitata a un singolo termine come **Cookie** e, proprio come la Stele di Rosetta, ti aiuta a parlare più lingue. Anche se i singoli negozi non passano mai al termine comune, possiamo comunque parlare con loro chiaramente usando i loro termini.

Cinque Relazioni di Mappatura

Non esiste un modo standard per rappresentare queste mappature: usa il tipo di immagine che sai che il tuo pubblico capirebbe meglio.

Definizioni

Sebbene le definizioni non siano mostrate nell'immagine, sono necessarie per la precisione del BTM. Inoltre, mentre lavori con i team per perfezionare i significati dei termini, spesso cambierai, rimuoverai e aggiungerai termini e relazioni.

Dobbiamo essere consapevoli di tre caratteristiche che portano a una definizione di alta qualità: chiarezza, completezza e correttezza. Chiarezza significa che un lettore può comprendere il significato di un termine leggendo la definizione una sola volta. Una definizione chiara non richiede al lettore di decifrare come deve essere interpretata ogni frase. Completezza significa che sono presenti tutte le parti necessarie della definizione, come esempi ed eccezioni. Correttezza significa che un esperto del settore concorderebbe sul fatto che la definizione è accurata.

Definition Bingo

C'è un gioco che a volte faccio sui siti dei miei clienti chiamato Definition Bingo. Uso questo gioco per determinare sia la qualità percepita che quella effettiva delle definizioni dei termini nell'ambito dell'iniziativa.

Esempio di scheda Definition Bingo

B	I	N	G	O
Customer	Product	Account	Prospect	Calendar
Visit	Contract	Department	Credit	Citizen
Site	Order	★	Resource	Service
Employee	Agency	Consumer	Vehicle	Case
Organization	Facility	Expense	Project	Event

Proprio come il gioco del Bingo, ci sono carte e non ne esistono due identiche. Ma in ogni cella c'è un business term invece di avere un numero. Se qualcuno può dimostrare che l'organizzazione ha una definizione chiara per quel termine all'interno dell'ambito definito dell'iniziativa, può spuntare quella cella. Se riescono a completare una linea verticale, orizzontale o diagonale, gridano "Bingo!" e vincono la partita. Spoiler — Non ho mai visto nessuno vincere.

Come accennato, ho lavorato per un'agenzia governativa che gestiva facilities e avevano 26 definizioni diverse per una **Facility**! Ho lavorato per un'azienda automobilistica di fascia alta che aveva oltre 20 definizioni diverse per un **Veicolo**. Immagina una casa automobilistica che esiste da oltre 100 anni e ancora non sa cosa sia un **Veicolo**!

La prossima volta che soggiornate in un hotel, chiedete alle persone alla reception come definiscono **Soggiorno**. Gli esperti del settore alberghiero spesso non sono d'accordo su cosa sia un **Soggiorno**. Se qualcuno rimane durante la settimana e paga con la carta di credito aziendale e poi rimane per il fine settimana utilizzando la propria carta di credito personale, questo è considerato un soggiorno o due soggiorni? Se qualcuno cambia stanza a causa del rumore, questa è un soggiorno due? Se una persona prenota tre stanze, questa è un soggiorno o tre? Anche gli ospedali hanno difficoltà a definire un **Soggiorno (Permanenza)**. Qualcuno viene ricoverato al pronto soccorso e poi deve andare in altri tre reparti medici — questa è un Soggiorno o quattro? Anche le società di marketing lottano con **Permanenza (Visita)**. Qualcuno visita una pagina web e

poi va altrove e ritorna più tardi lo stesso giorno — è una
Visita o due?

Conosco un abile analista in Australia che una volta ha
svolto un incarico di consulenza per una compagnia aerea
australiana. Questa compagnia aerea aveva due definizioni
per **Servizio**. Potresti pensare "Solo due, non è male".
Tuttavia, una definizione proveniva dall'equipaggio di
manutenzione in cui il servizio significava che l'aereo è in
manutenzione e qualcosa viene riparato. L'altra
definizione proveniva dall'equipaggio di volo dove il
servizio significava che l'aereo stava volando e
trasportando passeggeri. Immaginate di scambiare
accidentalmente queste due definizioni per il **Servizio**?

Ecco una scheda di Definition Bingo vuota. Compilala con
i termini che ritieni la tua organizzazione avrebbe difficoltà
a definire per la tua attuale iniziativa.

Template scheda Definition Bingo

B	I	N	G	O
		★		

Scommetto che questo è stato un esercizio facile da
completare. Cioè, i termini più ambigui sono spesso anche
i più importanti e pensiamo a questi per primi.

Chiaro, completo e corretto

La pagina seguente contiene un esempio di una buona definizione. Quello che mi piace di questa definizione è che è chiara, completa e corretta.

Chiaro significa che puoi leggere questa definizione solo una volta e sapere come viene definito il **Cliente** per questa iniziativa. Ad esempio, non ci sono acronimi oscuri o strane frasi non modificate. Questa definizione, sebbene contenga molte frasi, è semplice da leggere e comprendere.

Un Cliente è una persona o un'organizzazione che ottiene il nostro prodotto per la rivendita. Il Cliente normalmente ottiene il prodotto tramite acquisto. Un esempio di un cliente che non acquista il nostro prodotto è l'Esercito della Salvezza, che riceve il prodotto gratuitamente come organizzazione di beneficenza. Una persona o organizzazione deve aver comprato da noi almeno un prodotto per essere considerato un Cliente. Cioè, i Prospects non sono Clienti. Inoltre, "una volta Cliente, sempre Cliente" quindi anche i Clienti che non hanno comprato nulla in 50 anni sono ancora considerati Clienti. Il Cliente è diverso dal Consumatore, che ottiene il prodotto per il consumo anziché per la rivendita.

Esempi:
Walmart
Bob's Grocery Store
Military Base 1332

Completo significa che quei termini vaghi sono spiegati, come la parola "normalmente" nella seconda frase. La terza frase fornisce l'Esercito della Salvezza come esempio dell'eccezione descritta nella seconda frase. La completezza di questa definizione include il modo in cui **Consumatore** e **Prospect** si distinguono dal **Cliente**. La completezza include anche esempi come Walmart e Bob's Grocery Store. Mostrare esempi è un modo fantastico per spiegare i termini.

Correttezza significa che qualcuno con credibilità dal punto di vista commerciale ha verificato che la definizione è accurata. Sto lavorando con un'organizzazione, dove alcuni termini a causa della loro importanza e anche del potenziale di ambiguità hanno definizioni lunghe quasi due pagine! Se le definizioni dietro i termini su un modello di dati sono inesistenti o scadenti, molteplici interpretazioni del termine diventano una forte possibilità e si perde la precisione. Ad esempio, supponiamo che questa struttura appaia sul nostro BTM:

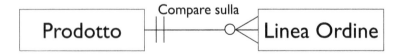

La relazione cattura che:

- Ogni **Prodotto** può comparire su molte **Righe d'Ordine**.

- Ogni **Riga d'Ordine** deve fare riferimento ad un **Prodotto**.

Potresti guardare questo modello e chiederti "Il **Prodotto** include **Articoli di Ricerca** non ancora disponibili per la vendita?" Questa è una domanda valida poiché il simbolo dell'opzionalità vicino alla **Riga d'Ordine** ci dice che alcuni **Prodotti** non sono mai stati ordinati. Forse non sono stati ordinati perché sono **Articoli di Ricerca** non ancora disponibili per la vendita.

Supponiamo che tu legga la definizione di **Prodotto** sperando che risponda a questa domanda. Se la definizione di **Prodotto** è mancante o di scarsa qualità e non risponde a questa domanda, non resta che fare supposizioni. Potrei avere la tua stessa domanda ed essere costretto a fare anche io un'ipotesi. Ora stiamo entrambi facendo delle ipotesi e se queste ipotesi sono diverse l'una dall'altra, leggeremo lo stesso modello in modi diversi, il che significa che il modello di dati non è più uno strumento di comunicazione preciso.

Variazioni

Ricordiamo che quando c'è bisogno di capire come funzionano i processi, abbiamo a cuore le regole e costruiremo quindi un BTM relazionale. Quando è necessario capire come stanno andando i processi, ci preoccupiamo delle domande quantitative e quindi costruiremo un BTM dimensionale. Diamo un'occhiata a un esempio di ciascuno.

Relazionale

Gli esempi di modello forniti nell'ultima sezione erano relazionali. Il BTM relazionale include i termini, le loro definizioni e le relazioni che catturano le regole di business tra questi termini. Ecco un altro esempio di BTM relazionale:

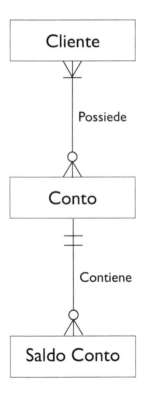

Le relazioni catturano che:

- Ogni **Cliente** può possedere molti **Conti**.
- Ogni **Conto** deve essere di proprietà di molti **Clienti**.

- Ogni **Conto** può contenere molti **Saldi Conto**.
- Ogni **Saldo Conto** deve appartenere a un solo **Conto**.

Abbiamo scritto le seguenti definizioni durante uno dei nostri incontri con lo sponsor del progetto:

Cliente	Un cliente è una persona o un'organizzazione che ha aperto uno o più conti presso la nostra banca. Se i membri di una famiglia hanno ciascuno il proprio account, ogni membro di una famiglia è considerato un cliente distinto. Se qualcuno ha aperto un conto e poi lo ha chiuso, viene comunque considerato un cliente.
Conto	Un account è un accordo contrattuale in base al quale la nostra banca detiene fondi per conto di un cliente.
Saldo Conto	Il saldo di un account (conto) è una registrazione finanziaria di quanti soldi un cliente ha in un particolare conto presso la nostra banca alla fine di un determinato periodo di tempo, come il saldo del conto corrente di qualcuno alla fine di un mese.

Dimensionale

Per comprendere e documentare i nostri requisiti analitici, possiamo costruire un BTM dimensionale come quello nella pagina successiva. In questo caso, vorremmo conoscere l'andamento del processo di generazione delle commissioni. Ad esempio, visualizzare le commissioni a livello di **Branch**, **Categoria di Cliente** (come persona fisica o azienda), **Mese** e **Tipo di Account** (come Controllo o Risparmio). Questo modello comunica anche l'obbligo di vedere le tariffe non solo a livello di **Mese** ma anche a livello di **Anno**, non solo a livello di filiale, ma anche a livello di **Regione** e **Distretto**.

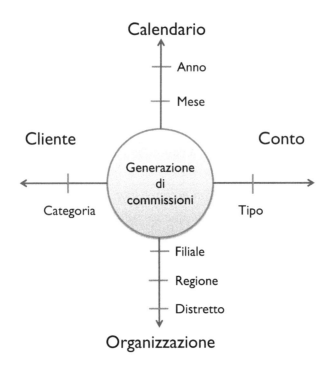

Definizioni dei termini:

Generazione di Commissioni	La generazione di commissioni è il processo aziendale in cui il denaro viene addebitato ai clienti per il privilegio di condurre transazioni sul proprio conto o denaro addebitato in base a intervalli di tempo come le spese mensili per mantenere aperto un conto corrente con un saldo basso.
Filiale	Una filiale è un luogo fisico aperto per gli affari. I clienti visitano le filiali per condurre transazioni.
Regione	Una regione è la definizione della nostra banca della divisione di un paese in parti più piccole per l'assegnazione di filiali o per scopi di reporting.
Distretto	Un distretto è un raggruppamento di regioni utilizzato per incarichi organizzativi o scopi di reporting. I distretti possono e spesso attraversano i confini del paese, come i distretti del Nord America e dell'Europa.
Categoria di Cliente	Una categoria di clienti è un raggruppamento di uno o più clienti a fini di reporting o organizzativi. Esempi di categorie di clienti sono Individuale, Aziendale e Comune.
Tipo di Conto	Un tipo di Conto è un raggruppamento di uno o più conti a fini organizzativi o di reporting. Esempi di tipi di conto sono Conto Corrente, di Risparmio e Brokeraggio.
Anno	Un anno è un periodo di tempo contenente 365 giorni, coerente con il calendario gregoriano.
Mese	Un mese è ciascuno dei dodici periodi denominati in cui è suddiviso un anno.

Potresti incontrare termini come **Anno** e **Mese** che sono termini comunemente intesi e quindi è possibile investire un tempo minimo nella scrittura di una definizione. Assicurati però che questi siano termini comunemente intesi, poiché a volte anche **Anno** può avere più significati, ad esempio se il riferimento è a un calendario fiscale o standard.

La **Generazione di Commissioni** è un esempio di contatore. Un contatore rappresenta un processo aziendale che viene misurato. Il contatore è così importante per il modello dimensionale che il nome del contatore è spesso il nome dell'applicazione: il contatore delle **Vendite**, l'applicazione di analisi delle vendite.

Distretto, **Regione** e **Filiale** rappresentano i livelli di dettaglio che possiamo navigare all'interno della dimensione **Organizzazione**. Una dimensione è un soggetto il cui scopo è aggiungere significato alle misure. **Anno** e **Mese** rappresentano i livelli di dettaglio che possiamo navigare nella dimensione **Calendario**. Quindi questo modello contiene quattro dimensioni: **Organizzazione**, **Calendario**, **Cliente** e **Account**.

Strumenti

Sebbene un BTM visualizzato utilizzando PowerPoint o uno strumento di disegno simile possa essere molto efficace, ci sono tre vantaggi nell'usare uno strumento di modellazione dati professionale per creare e condividere BTMs:

1. **Supporto**. I fornitori di strumenti di modellazione dei dati spesso offrono desk di supporto dedicati. Inoltre, se all'interno della tua organizzazione dovesse esistere una competenza con uno specifico strumento di modellazione dei dati, ad esempio se il tuo team di data management sta già utilizzando CaseTalk, ER / Studio, erwin DM o Hackolade, puoi chiedere aiuto ai tuoi colleghi quando hai domande sullo strumento. Se la tua organizzazione non ha una competenza con nessuno di questi strumenti, la tua esperienza pionieristica nell'utilizzo di uno o più di questi strumenti può essere molto utile quando arriva il momento di valutare e ottenere più licenze per il team di data management.

2. **Influenza**. Gli strumenti professionali di data modeling offrono molte funzionalità per convalidare i modelli di dati e integrarli con altri strumenti, come processi, glossario, catalogo e strumenti di sviluppo, per aumentare l'impatto del tuo BTM in tutta l'organizzazione.

3. **Design**. Una volta creato il BTM in questo strumento, i professionisti della tecnologia

dell'informazione, come data architects e data modelers, possono utilizzare il file BTM come punto di partenza per un lavoro di modellazione dei dati più dettagliato all'interno di questo strumento, ad esempio per la creazione di modelli di dati logici e fisici. Questo perché gli strumenti di data modeling offrono la funzionalità per passare da BTM a modelli di dati dettagliati fino a una struttura di database.

Il modello nella pagina successiva mostra le due relazioni che abbiamo creato in precedenza in questo capitolo — tra **Cookie** e **Ingrediente** e tra **Fornitore** e **Ingrediente** — su un unico modello.

Diamo un assaggio di come diversi potenti strumenti di data modeling possono rappresentare questo modello. Gli strumenti sono descritti in ordine alfabetico.

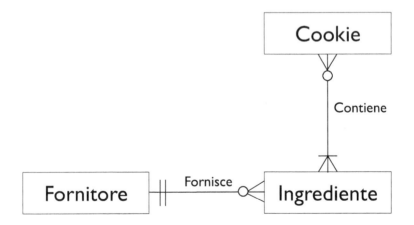

CaseTalk

In questo capitolo abbiamo spiegato in precedenza che esistono più notazioni di data modeling e che in questo libro stiamo utilizzando l'Information Engineering. Un certo numero di notazioni di data modeling, tra cui Fully Communication Oriented Information Modeling, FCO-IM, sono raggruppate sotto la categoria della modellazione basata sui fatti (fact-based modeling). Un fatto è un'affermazione aziendale, ad esempio "Il cookie con gocce di cioccolato contiene burro". La fact-based modeling riguarda l'identificazione delle asserzioni aziendali, chiamate *fatti*, e il raggruppamento in termini, chiamati *tipi di fatti*, come "Il cookie con gocce di cioccolato contiene burro", che porta a una relazione di collegamento tra i termini **Cookie** e **Ingredienti**.

Quello che mi piace della FCO-IM è che la maggior parte dei requisiti di iniziativa si adatta perfettamente a un pattern ricorrente di affermazioni di business. Il buyer del panificio A, ad esempio, userebbe probabilmente la parola burro più spesso del termine **Ingrediente**.

CaseTalk è lo strumento più popolare che supporta FCO-IM. La maggior parte degli strumenti di data modeling sono stati inizialmente creati pensando a un particolare tipo di database, come i database relazionali. Tuttavia, FCO-IM è completamente indipendente dal database. Una volta che il BTM è completo in CaseTalk, può essere espanso a modelli di dati logici e fisici che alla fine possono generare diversi tipi di strutture di database come foglio di calcolo, relazionale, XML e JSON. Quindi, per il nostro esempio di **Cookie**, **Ingrediente** e **Fornitore**, dovremmo prima identificare le affermazioni aziendali:

```
1 [EXPFILE]
2   ; The cookie expressions are based upon the examples provided by Steve Hoberman.
3   ; They are modeled using Fact Oriented Modeling in CaseTalk by Marco Wobben.
4
5 [Ingredient]
6   "Ingredient frosting exists."
7
8 [Supplier]
9   "Supplier HAL exists."
10
11 [Ingredient Supplier]
12   "IBM supplies butter."
13   "IBM supplies sugar."
14   "ABC supplies egg."
15   "CBA supplies sugar."
16   "CBA supplies frosting."
17   "CIA supplies peanut butter."
18
19 [Cookie Ingredient]
20   "The chocolate chip cookie contains butter."
21   "The chocolate chip cookie contains sugar."
22   "The peanut butter cookie contains sugar."
23   "The peanut butter cookie contains peanut butter."
24   "The sugar cookie contains peanut sugar."
25   "The sugar cookie contains egg."
26   "The butter cookie contains butter."
27   "The ginger bread cookie contains sugar."
28   "The ginger bread cookie contains egg."
29
30  |
```

Successivamente iniziamo a raggruppare queste affermazioni in termini e relazioni:

```
"<Supplier> supplies <Ingredient>"

'<Supplier Name>'     '<Ingredient Name>'

        CBA                  sugar
```

Che poi forma il nostro BTM:

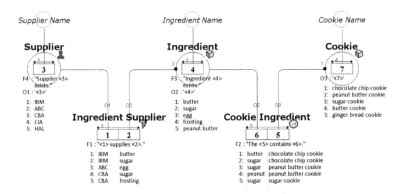

CaseTalk offre molte funzionalità che vanno oltre questa panoramica, quindi visita https://www.casetalk.com/ per saperne di più e scaricare una versione di prova gratuita.

ER/Studio

IDERA offre molte soluzioni relative ai dati, tra cui ER / Studio Enterprise Team Edition, una potente soluzione di architettura dei dati orientata al business che combina modellazione, progettazione e reporting dei dati multipiattaforma con la collaborazione tra team organizzativi. Enterprise Team Edition include una serie di strumenti tra cui:

- **Data Architect**. Questo strumento di data modeling supporta numerose notazioni. Uso Data Architect per molti progetti, incluso il corso di data modeling che attualmente insegno alla Columbia University nel loro programma di Applied Analytics.

- **Business Architect**. Questo strumento di modellazione dei processi consente ai Data Architect di creare modelli di processi aziendali. Un repository condiviso tra Data Architect e Business Architect significa che gli utenti possono integrare, ad esempio, un BTM e un diagramma di flusso di dati concettuale.

- **Team Server**. Questo glossario e strumento per i metadati fornisce un'interfaccia utente Web che consente ai business and data stakeholders di collaborare al miglioramento del data modeling e dei risultati dei metadati.

Data Architect è molto intuitivo da apprendere ed è simile nell'aspetto a prodotti come Microsoft Word e navigazione come Microsoft Explorer. Contiene anche una serie di macro e un potente linguaggio macro per estendere le funzionalità dello strumento.

Ecco il nostro modello in Data Architect (con notazioni in inglese):

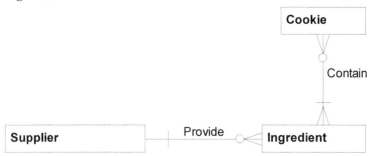

Quando c'è un solo simbolo sulla linea di relazione, significa uno per la Partecipazione e un "deve" per l'Esistenza. Un **Ingrediente** deve essere fornito da un **Fornitore**.

Per saperne di più e scaricare una versione di prova gratuita, visitare https://www.idera.com/.

erwin DM

erwin Data Modeler è uno strumento di data modeling molto potente che supporta numerose notazioni. Utilizzo erwin dal 1992 per creare modelli di dati di termini aziendali, logici e fisici, nonché per generare la struttura di database relazionale sottostante dal modello di dati fisico.

L'azienda, erwin, dispone di molti altri strumenti che si integrano con erwin DM e tra di loro:

- **erwin DC**. erwin Data Catalog automatizza la gestione dei metadati aziendali, la mappatura dei dati, la gestione dei dati di riferimento, la qualità dei dati, la generazione dei codici, la derivazione dei dati e l'analisi dell'impatto.

- **erwin DL**. erwin Data Literacy unisce un glossario e un portale utente per la visualizzazione dei dati rilevanti per ruolo utente.

- **erwin Evolve**. erwin Evolve è un set completo e configurabile di architettura aziendale e strumenti di modellazione e analisi dei processi aziendali.

erwin DM è molto facile da imparare e da usare e sono disponibili diverse versioni a seconda della quantità di funzionalità di modellazione necessaria. Le edizioni Standard e Workgroup offrono molte funzionalità, inclusi strumenti di collaborazione e Complete Compare, che confronta due strutture per differenze come due BTM o un modello fisico con un progetto di database. La Workgroup Edition aggiunge la modellazione simultanea, la gestione delle modifiche, inclusi il controllo delle versioni e la risoluzione dei conflitti, e il controllo granulare dell'accesso al modello per aiutare a ridimensionare la pratica di modellazione in tutta l'azienda. La Navigator Edition offre accesso in sola lettura ai modelli.

Ecco il nostro modello in erwin DM (con notazioni in inglese):

Per saperne di più e scaricare una versione di prova gratuita, visita https://www.erwin.com/.

Hackolade

Sempre più organizzazioni stanno realizzando soluzioni software che archiviano i dati in NoSQL. NoSQL significa che la struttura del database non è un database relazionale. Ad esempio, MongoDB, un database di documenti NoSQL, archivia i dati in JSON e non nelle strutture di database relazionali di tabelle e colonne.

Hackolade fornisce ai team che utilizzano NoSQL un potente strumento di visualizzazione e generazione di database.

Hackolade è uno strumento di data modeling creato per gestire tipi complessi di strutture dati come JSON. Di conseguenza, Hackolade è uno strumento di data modeling molto utile per i database NoSQL come MongoDB, Neo4j, Cassandra, Couchbase, Cosmos DB, DynamoDB, Elasticsearch, HBase, Hive, Google BigQuery, Firebase / Firestore, MarkLogic, Amazon Neptune, TinkerPop, ArangoDB, AWS Glue Data Catalog, Snowflake e JSON archiviati in BLOB di database relazionali. Oltre alla modellazione per i database, Hackolade può essere utilizzato per modellare i protocolli di comunicazione, come per le interfacce di programmazione dell'applicazione REST, oltre ad Avro per Kafka e anche al formato di archiviazione Parquet.

La sua componente visiva, tuttavia, può essere utilizzata anche per creare BTM. Ad esempio, ecco due versioni del nostro BTM in Hackolade (con notazioni in inglese):

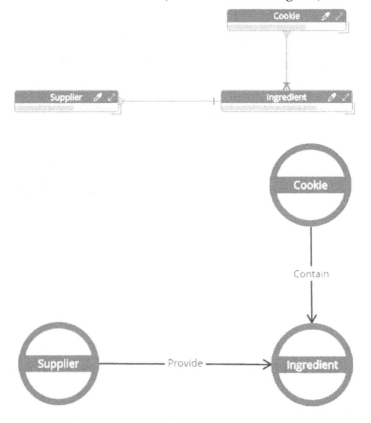

Il primo fornisce una prospettiva del documento che alla fine potrebbe portare a un database NoSQL che memorizza i dati in JSON, e il secondo una prospettiva del grafico che alla fine potrebbe portare a un database NoSQL che memorizza i dati in un grafico delle proprietà. Hackolade può generare database sia di documenti che di grafici e, mostrando semplicemente il nome del documento o il nome del nodo del grafico invece di tutte le proprietà, possiamo creare un BTM.

Quale di queste due immagini dovremmo usare? Nel prossimo capitolo vedremo come scegliere una particolare immagine per un particolare pubblico.

Per saperne di più e scaricare una prova gratuita, visitare https://www.hackolade.com/.

Takeaways

- Un BTM è un linguaggio di simboli e testo che semplifica un panorama informativo fornendo uno strumento preciso, minimale e visivo focalizzato per una particolare iniziativa e su misura per un particolare pubblico.

- Una volta che sappiamo come leggere i simboli su un modello (sintassi), possiamo discutere di cosa rappresentano i simboli (semantica).

- Quando è necessario capire come funzionano i processi, ci preoccupiamo delle regole e quindi costruiremo un BTM relazionale. Quando è necessario capire come stanno andando i processi, ci preoccupiamo delle domande quantitative e quindi costruiremo un BTM dimensionale.

- Gioca a Definition Bingo per valutare la qualità delle definizioni per la tua iniziativa e assicurarti che tutte le definizioni siano chiare, complete e corrette.

- Utilizza un oggetto visivo di mappatura per tradurre un termine comune tra più lingue. Sii flessibile sul formato che scegli; pensa al tuo pubblico.

- L'utilizzo di uno strumento di data modeling professionale per creare il tuo BTM, come CaseTalk, ER / Studio, erwin DM o Hackolade, garantisce un supporto sufficiente dello strumento, aumenta l'impatto BTM grazie all'integrazione dello strumento di data modeling con altri strumenti e consente ai professionisti dei dati di utilizzare il file BTM come punto di partenza per un lavoro di data modeling più dettagliato.

CAPITOLO 4

Costruzione

"Hai messo troppa farina in quella torta"

Questo capitolo copre i cinque passaggi per la creazione di un BTM per iniziative operative (relazionali) e analitiche (dimensionali).

Steps per creare un BTM

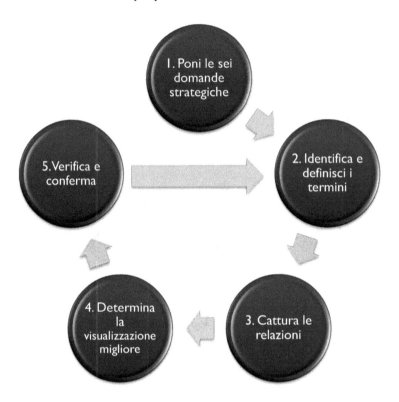

Prima di iniziare qualsiasi progetto, ci sono sei domande strategiche che devono essere poste (Passaggio 1). Queste domande sono un prerequisito per il successo di qualsiasi iniziativa perché ci garantiscono di scegliere i termini giusti per il nostro BTM. Successivamente, identifica tutti i termini che rientrano nell'ambito dell'iniziativa (Passaggio 2). Assicurati che ogni termine sia chiaramente e completamente definito. Quindi determina in che modo questi termini sono correlati tra loro (Passaggio 3). Spesso, a questo punto, dovrai tornare al passaggio 2, perché nel catturare le relazioni potresti trovare nuovi termini. Quindi, determina l'aspetto visivo più vantaggioso per il tuo pubblico (Passaggio 4). Considera l'aspetto visivo che si addice meglio a quelli che dovranno rivedere e utilizzare il tuo BTM. Come passaggio finale, richiedi l'approvazione del tuo BTM (Passaggio 5). Spesso a questo punto ci sono ulteriori modifiche al modello e ripeteremo questi passaggi finché il modello non verrà accettato.

Relazionale

Creiamo un BTM relazionale seguendo questi cinque passaggi.

Step 1: Poni le sei domande strategiche

Sei domande strategiche

1	Qual è la nostra iniziativa?
2	Flessibilità o semplicità?
3	Adesso o dopo?
4	Forward o reverse engineering?
5	Operativo o analitico?
6	Chi è il nostro pubblico?

Ci sono sei domande che devono essere poste:

1. **Qual è la nostra iniziativa?** Questa domanda garantisce che sappiamo abbastanza sull'iniziativa per determinarne l'ambito. Conoscere l'ambito ci consente di decidere quali termini devono comparire sul BTM dell'iniziativa. Eric Evans, nel suo libro *Domain-Driven Design*, introduce il concetto di "Bounded Context", che riguarda la comprensione e la definizione del proprio ambito. Se il nostro ambito è limitato agli acquisti, ad esempio, le **Materie Prime** e il **Fornitore** rientrerebbero nell'ambito e le **Vendite** e la **Promozione** molto probabilmente fuori dall'ambito.

2. **Flessibilità o semplicità?** Questa domanda garantisce di introdurre termini generici solo se è necessaria flessibilità. I termini generici ci consentono di accogliere nuovi tipi di termini che oggi non conosciamo e ci consentono anche di raggruppare meglio termini simili. Ad esempio, **Persona** è flessibile e **Dipendente** è semplice. La **Persona** può includere altri termini che non abbiamo ancora considerato, come **Consumatore**, **Auditor** e **Competitor**. Tuttavia, **Persona** può essere un termine più difficile da relazionare rispetto a **Dipendente**. Descriviamo spesso i nostri processi utilizzando termini specifici dell'azienda come **Dipendente**.

3. **Adesso o dopo?** Questa domanda garantisce che abbiamo scelto la prospettiva temporale corretta per il nostro BTM. I BTM acquisiscono un Linguaggio Comune di Business in un determinato momento. Se intendiamo catturare il modo in cui i processi aziendali funzionano o vengono analizzati oggi, dobbiamo assicurarci che i termini insieme alle loro definizioni e relazioni riflettano una prospettiva attuale (ora). Se siamo intenzionati a catturare come funzionano i processi aziendali o vengono analizzati in un momento futuro, ad esempio un anno o tre anni nel futuro, allora dobbiamo assicurarci che i termini insieme alle loro definizioni e relazioni riflettano una prospettiva futura (dopo).

4. **Forward o reverse engineering?** Questa domanda garantisce che stiamo selezionando la "lingua" più appropriata per il BTM. Se l'iniziativa è guidata dai requisiti aziendali, è uno sforzo di forward engineering e scegliamo un linguaggio di business. Non importa se l'organizzazione utilizza SAP o Siebel, il BTM conterrà i termini di business. Se l'iniziativa è guidata da un'applicazione, si tratta di uno sforzo di reverse engineering e scegliamo il linguaggio dell'applicazione. Se l'applicazione utilizza il termine **Oggetto** per il termine **Prodotto**, apparirà come **Oggetto** sul modello e sarà definito

in base a come l'applicazione definisce il termine, non a come l'azienda definisce il termine. Come altro esempio di reverse engineering, potresti avere come punto di partenza un tipo di struttura fisica dei dati come un layout di database o un documento XML o JSON. Ad esempio, possiamo decodificare il seguente documento JSON per arrivare a termini come **Sport**, **Produttore** e **Giocatore**:

```json
{
"Sport":"Baseball",
"Year":"1952",
"Manufacturer":"Topps",
"Number":311,
"FirstName":"Mickey",
"LastName":"Mantle",
"PriceDate":"12/21/2018",
"ConditionCode":"VG",
"PostalCodeSold":"07834",
"ConditionGradedBy":"PSA",
"PriceUSD":38500,
"ShippingUSD":4.95
}
```

5. **Operativo o analitico?** Questa domanda assicura che scegliamo il giusto tipo di BTM — relazionale o dimensionale. Un'iniziativa operativa richiede un BTM relazionale e un'iniziativa di analisi richiede un BTM dimensionale.

6. Chi è il nostro pubblico? Dobbiamo sapere chi esaminerà il nostro modello (validatore) e chi utilizzerà il nostro modello in futuro (utenti).

Sei riuscito a convincere il team esecutivo del Capitolo 1 a rimandare l'acquisto di quella soluzione software che integrerebbe i processi aziendali in modo "facile come cuocere un cookie" e ora ti stai incontrando con il team per ottenere risposte a queste sei domande strategiche.

1. Qual è la nostra iniziativa?

Anche se è stato concordato che il primo processo aziendale da integrare sarebbe l'acquisto, l'iniziativa di acquisto potrebbe non avere ancora uno scopo chiaro, come vediamo in questo dialogo tra te e il Chief Executive Officer, CEO, durante questo incontro dopo aver posto questa prima domanda.

> **CEO**: Alla fine tutti i nostri processi saranno centralizzati e coerenti nelle nostre panetterie, ma il nostro focus iniziale sarà sugli acquisti.

> **Tu**: Capito. Ho visitato quel panificio chic nei dintorni, in quel quartiere di lusso per provare uno dei loro cookies... voglio dire biscotti... e ho notato che vendono semifreddi, frullati e pane artigianale. Non ho visto questi tipi di prodotti nelle nostre altre panetterie — rientrano anch'essi nel campo di applicazione della nostra iniziativa?

CEO: Hmm. Conosco quel panificio è, parte del loro marketing e attrattiva in quel quartiere, è che acquistano quasi tutti i loro ingredienti a livello locale. Centralizziamo gli acquisti almeno inizialmente solo sui dolci.

Tu: Bene. E le crostate? Quel panificio aveva molte crostate e so che il nostro core business sono le torte. Dovremmo tagliare dal piano anche le torte?

CEO: Tagliare le torte, questa è buona. Ah, ah. Attieniti al tuo lavoro quotidiano.

Tu: Sì signore!

CEO: Le crostate non sono ancora così popolari nella nostra catena di prodotti da forno — ma diventeranno più popolari poiché stiamo pianificando di includerle nella nostra strategia di franchising. Quindi assicurati che le crostate rientrino nell'ambito della nostra iniziativa di acquisto.

Tu: Bene, mi piacciono le crostate. Dal momento che il nostro obiettivo è solo l'acquisto in questo momento, va bene escludere l'intero processo di spedizione e consegna dai fornitori?

CEO: La spedizione e la consegna sono interazioni fondamentali con i nostri fornitori, ma aspettiamo e vediamo come va questa prima iniziativa. Fai questa prima iniziativa nel modo giusto e c'è una promozione per te. Ora vai avanti e realizzala!

I biscotti gratuiti sono un bel vantaggio, ma ottenere quell'ufficio all'angolo? Sarebbe grande! Smettiamo però di sognare, rimaniamo concentrati e passiamo alla domanda successiva, conoscendo ora questo scopo di acquisto più preciso.

2. Flessibilità o semplicità?

CEO: Non capisco la domanda.

Tu: Dobbiamo determinare se utilizzare termini generici o per mancanza di una parola migliore, termini più concreti. L'utilizzo di termini generici come organizzazione invece di fornitore e materiale invece di cookie ci consente di accogliere termini futuri in un secondo momento. Ad esempio, se tra sei mesi tu e il tuo team decideste di includere i frullati negli acquisti centralizzati, un frullato sarebbe solo un altro esempio di un materiale che saremmo in grado di gestire facilmente.

CEO: Hmm. Sembra molto allettante. Questo concetto di organizzazione potrebbe funzionare bene in seguito, quando penseremo di più in termini di altre organizzazioni come i franchisee, ma per ora ne abbiamo solo una che è il fornitore. Tuttavia, l'idea del materiale è interessante perché ci sono molti esempi di materiali come cookies, torte, crostate e così via.

Tu: La scelta di un termine più flessibile come materiale non esclude la visualizzazione dei termini cookie e torte. Possiamo includere materiale e utilizzare una tecnica chiamata sottotipo per includere esempi come cookies e torte e forse eventualmente frullati. Funzionerebbe?

Poiché il concetto di Materiale sembra molto allettante, il team esecutivo guidato dal CEO concorda sulla flessibilità. Ciò significa che il nostro modello conterrà alcuni termini generici integrati da sottotipi.

3. Adesso o dopo?

CEO: Dopo molti anni in cui ho lasciato che ogni panificio definisse i propri processi, sono il primo ad ammettere che abbiamo alcuni grossi ostacoli da superare con la centralizzazione di qualsiasi processo, in particolare gli acquisti. Il modello che condividi con noi deve essere ambizioso, ovvero mostrarci come dobbiamo essere.

Come possiamo vedere dalle conversazioni su queste prime tre domande, raramente arrivare alle risposte è semplice e diretto. Tuttavia, è molto più economico e più agile chiederglielo all'inizio dell'iniziativa, invece di formulare ipotesi all'inizio e dover eseguire rilavorazioni in seguito, quando le modifiche richiederanno tempo e denaro.

Nel Capitolo 1, in base alla rapidità con cui il team esecutivo è stato ipnotizzato da quel consulente software, non eravamo sicuri che credessero che centralizzare gli acquisti sarebbe stato facile senza rendersi conto che ogni panificio parla la propria lingua unica o che sapessero che c'era una mancanza di un Linguaggio Comune di Business. Ora vediamo che almeno il CEO riconosce la mancanza di un Linguaggio Comune di Business. Quindi, in base alle osservazioni del CEO, dobbiamo creare una vista "nel futuro". Ovvero, una visione olistica che mostra come gli acquisti siano strutturati, anche se oggi non è così.

Per raggiungere questa visione olistica, tuttavia, è necessaria la conoscenza dello stato esistente. Un modello di dati di una vista futura fornisce un valore limitato a meno che non possiamo mostrare come arrivarci dal nostro punto di partenza (la vista "adesso"). Quindi possiamo scegliere una vista successiva per il nostro modello di dati, ma avremo bisogno di creare una mappatura al nostro ambiente esistente.

4. Forward o reverse engineering?

Poiché dobbiamo prima capire come funziona l'azienda prima di poter implementare una soluzione software centralizzata, questo è un progetto di forward engineering e sceglieremo l'opzione di forward engineering. Ciò significa guidato dai requisiti e quindi i nostri termini saranno termini di business invece di termini legati alle applicazioni.

5. Operativo o analitico?

Poiché questa iniziativa riguarda la centralizzazione del processo aziendale di acquisto, che è operativo, costruiremo un BTM relazionale e non dimensionale.

6. Chi è il nostro pubblico?

Cioè, chi convaliderà il modello e chi lo utilizzerà in futuro? I validatori saranno il team esecutivo e gli utenti saranno i fornitori di software che possono utilizzare il modello per assicurarsi di parlare la lingua corretta con il team esecutivo e anche per valutare quanto le loro applicazioni software potrebbero soddisfare le esigenze di Chips Inc.

Step 2: Identifica e definisci i termini

Ora che abbiamo la direzione, possiamo lavorare con i business expert per identificare e definire i termini nell'ambito dell'iniziativa.

Ricorda la nostra definizione di termine come sostantivo che rappresenta una raccolta di dati aziendali ed è considerato sia di base che fondamentale per il tuo pubblico per una particolare iniziativa. Un termine può rientrare in una delle sei categorie: chi, cosa, quando, dove, perché o come. Possiamo utilizzare queste sei categorie per creare un modello di termini per catturarli sul nostro BTM relazionale. Questo è un pratico strumento di brainstorming. Non c'è significato per i numeri. Cioè, un termine scritto accanto a # 1 non è pensato per essere più importante di un termine scritto accanto a # 2. Inoltre, puoi avere più di cinque termini in una data colonna o, in alcuni casi, nessun termine in una data colonna.

Template termini

Who?	What?	When?	Where?	Why?	How?
1.	1.	1.	1.	1.	1.
2.	2.	2.	2.	2.	2.
3.	3.	3.	3.	3.	3.
4.	4.	4.	4.	4.	4.
5.	5.	5.	5.	5.	5.

Ci siamo incontrati con il team esecutivo e durante una sessione di brainstorming durante il pranzo, abbiamo completato il modello dei termini nella pagina di fronte.

Chips Inc. termini d'acquisto

Chi?	Cosa?	Quando?	Dove?	Perché?	Come?
Consumer	Materiale Semilavorato	Data di scadenza	Panificio	Ordine	Ordine d'acquisto
Fornitore				Bolletta	Fattura
	Ingrediente	Festività		Consegna	Bolla di Accompagnamento
	Materiale Imballaggio	Stagione			Ricetta
	Categoria				
	Muffin				
	Cupcake				
	Crostata				
	Torta				
	Cookie				

Si noti che questa è una sessione di brainstorming e potrebbero esserci termini che appaiono su questo modello ma non compaiono sul BTM di acquisto. Quei termini che saranno esclusi rientrano in tre categorie:

- **Troppo dettagliato**. Ci sono diversi concetti su questo modello che sembrano essere attributi e quindi appariranno sul modello di dati logico e non sul BTM. Ad esempio, sebbene la **Data di Scadenza** e **Categoria** siano importanti per Chips Inc., sono a un livello più dettagliato rispetto al **Fornitore** e all'**Ordine di Acquisto**.

- **Fuori ambito**. Il brainstorming è un ottimo modo per testare l'ambito dell'iniziativa. Spesso vengono fuori termini che vengono aggiunti al template di termini che richiedono ulteriori discussioni per determinare se sono nell'ambito o meno. Ad esempio, il CEO ci ha informati che la spedizione e la consegna non rientrano nell'ambito di applicazione, tuttavia in questo modello vengono visualizzati termini come **Bolla di Accompagnamento** e **Spedizione**. Anche un termine critico come **Consumer** potrebbe non esserlo per il processo di acquisto.

- **Transazione vs Documento**. Un documento della colonna Come fornisce la prova che si è verificata una transazione dalla colonna Perché. Dobbiamo includere un termine di transazione se tutto ciò che riguarda quella transazione è fornito da un documento? Ad esempio, un documento di **Ordine**

di Acquisto fornisce tutto il contenuto per la transazione dell'ordine. Un documento **Bolletta** fornisce tutto il contenuto per la transazione **Fattura**. Un documento **Bolla di Accompagnamento** fornisce tutto il contenuto per la **Spedizione**. Supponiamo che il team esecutivo di Chips Inc. accetti di concentrarsi sui documenti piuttosto che sulle transazioni per l'ambito della nostra iniziativa. Tieni presente che in molti progetti ho riscontrato una preferenza degli utenti nel concentrarsi sui documenti poiché i documenti sono più tangibili delle transazioni.

Dopo aver fatto la pausa pranzo e aver rivisto il modello dei termini, il team esecutivo ha accettato di rimuovere una serie di termini dal modello, mostrati qui barrati:

Chips Inc. termini d'acquisto (raffinato)

Chi?	Cosa?	Quando?	Dove?	Perché?	Come?
~~Consumer~~	Materiale Semilavorato	~~Data di scadenza~~	Panificio	~~Ordine~~	Ordine d'Acquisto
Fornitore				~~Bolletta~~	Fattura
	Ingrediente	~~Festività~~		~~Spedizione~~	~~Bolla di Accompagnamento~~
	Materiale Imballaggio	~~Stagione~~			~~Ricetta~~
	~~Categoria~~				
	Muffin Cupcake Crostata Torta Cookie				

Un altro punto importante qui è che la visualizzazione della mappatura di cui abbiamo discusso in precedenza potrebbe essere necessaria per ottenere un linguaggio comune per alcuni di questi termini. In questo esempio, poiché il nostro pubblico è limitato al team esecutivo, molto probabilmente non avremmo bisogno di una mappa visiva. Tuttavia, se ci incontrassimo con panetterie diverse e gli esperti di acquisto delle panetterie avessero prospettive diverse per gli stessi termini, la visualizzazione della mappatura diventerebbe un prezioso trampolino di lancio verso il completamento di questo modello di termini di acquisto.

Di seguito è riportato un foglio di calcolo prodotto dopo diverse sessioni con il team esecutivo che discute questi termini in dettaglio, contenente termini, definizioni e domande.

Definizioni e domande

Termini	Definizioni	Domande
Fornitore	L'organizzazione che ci fornisce i materiali.	Viene utilizzata la parola "materiali". È limitato alle materie prime o può essere materiale di imballaggio e forse anche materiali in vendita, come i cookies?

Termini	Definizioni	Domande
Materiale Semilavorato	Un materiale che contiene più ingredienti e di solito viene immesso in un cookie o una torta, come cioccolato fuso o pasta per biscotti	Cosa significa la parola "di solito" in questo contesto? "Di solito" è un termine vago che può includere molte eccezioni alla norma. Ci sono eccezioni? Puoi mai vendere un materiale semilavorato, come la pasta per biscotti?
Ingrediente	Qualcosa che, dal punto di vista del buyer di prodotti da forno, non può essere scomposto in pezzi più piccoli, come lo zucchero o il latte.	Possiamo usare la parola "materiale" invece di "qualcosa"? Poiché è "dal punto di vista del buyer di prodotti da forno", un materiale può essere considerato un ingrediente da un buyer ma non da un altro?
Materiale d'Imballaggio	Una copertura per il materiale che è stato acquistato, come una scatola per una torta o una borsa per un cupcake.	Il materiale di imballaggio si limita a proteggere l'acquisto del consumatore o può includere imballaggi sugli articoli acquistati dal forno, come gli imballaggi per lo zucchero?
Muffin	Un grande cupcake senza glassa.	Mettendo la glassa su un muffin, diventa un cupcake? Se sì, un muffin è un materiale semilavorato per un cupcake?
Cupcake	Un muffin con la glassa.	Muffin e cupcake hanno definizioni circolari. Cioè, ogni definizione definisce il proprio termine usando l'altro termine.
Crostata	Qualche tipo di frutta racchiusa in un guscio di pasta frolla.	Non è ancora chiara la distinzione tra crostata e torta.

Termini	Definizioni	Domande
Torta	Un blocco di sostanza solida realizzato o basato su una miscela di farina, zucchero e uova.	Sembra che sia stato copiato da un dizionario online. Come definisce Chips Inc. una torta?
Cookie	Conosciuto anche come biscotto, un cookie è una piccola pasta dolce rotonda.	Questa definizione non esclude muffin o cupcakes. Che differenza c'è tra un cookie e un muffin o un cupcake?
Panetteria	Una delle nostre sedi oggi e una che in futuro potrebbe essere una sede in franchising.	Perché è importante distinguere uno dei nostri panifici da uno in franchising?
Ordine d'Acquisto	La conferma che abbiamo effettuato con successo un ordine.	Come fai a sapere se un ordine non è stato effettuato correttamente?
Fattura	Un documento che conferma che ci è stato addebitato un acquisto.	Una fattura può riguardare più di un ordine di acquisto? Oppure esiste sempre una relazione uno a uno tra un ordine di acquisto e una fattura?

Si noti che ho incluso molte domande — non per rispondere a questa iniziativa, ma per illustrare i tre vantaggi del sollevare domande:

- **Diventa noto come il "detective".** Acquisisci dimestichezza con il livello di lavoro investigativo necessario per arrivare a una serie precisa di termini. Cerca buchi nella definizione in cui l'ambiguità possa intrufolarsi e poni domande le cui risposte rimuoveranno questa ambiguità e renderanno precisa la definizione. Considera la domanda "Può una fattura riguardare più di un ordine di acquisto?" La risposta a questa domanda perfezionerà il modo in cui Chips Inc. vede le fatture, gli ordini di acquisto e il loro rapporto.

- **Scopri i termini nascosti**. Spesso le risposte alle domande portano a più termini sul nostro BTM - termini che altrimenti avremmo potuto perdere. Ad esempio, una migliore comprensione della relazione tra **Ordine d'Acquisto** e **Fattura** potrebbe portare a più termini sul nostro BTM che gestiscono la riconciliazione dell'account.

- **Meglio ora che dopo**. Il BTM risultante offre molto valore, ma anche il processo per arrivare a quel modello finale è prezioso. I dibattiti e le domande sfidano le persone e le fanno ripensare e, in alcuni casi, difendere le proprie prospettive. Se durante il processo di costruzione del BTM non vengono sollevate domande e non viene data risposta, le domande verranno sollevate e dovranno essere affrontate in un secondo momento nel ciclo di vita dell'iniziativa, spesso sotto forma di dati e sorprese di processo, quando le modifiche richiederanno molto tempo e saranno costose. Anche semplici domande come "Come fai a sapere se un ordine non è stato effettuato correttamente?" possono portare a un dibattito sano che si traduce in un BTM più preciso.

Ecco il nostro modello dopo aver identificato e definito i termini:

Solo i nostri Termini

Fornitore	Muffin	Cookie
Semi-Lavorato	Cupcake	Panetteria
Ingrediente	Crostata	Ordine Acquisto
Materiale Imballo	Torta	Fattura

Prima di iniziare a guardare le relazioni, mi piace raggruppare i termini comuni per una migliore comprensione, come mostrato nel modello nella pagina successiva.

Biscotto, **Muffin**, **Crostata**, **Torta** e **Cupcake** sono tutti articoli disponibili per la vendita nel panificio. Dobbiamo chiederci quale termine comprenderebbe tutti questi. Cioè, quale sarebbe il supertipo di questi cinque termini? Supponiamo che, dopo un breve dibattito con il team esecutivo, venga scelto il termine **Materiale Finito**. Questo termine è scelto per essere coerente con il **Materiale**

Semilavorato (abbreviato in **Semilavorato**) e il **Materiale di Imballaggio.**

Termini Comuni Raggruppati

	Fornitore	
Cookie	Panetteria	
Muffin		Ordine Acquisto
Crostata		Fattura
Torta	Ingrediente	
Cupcake	Semi-lavorato	Materiale Imballo

Anche **Ingrediente** e **Semilavorato** sembrano essere strettamente correlati, poiché entrambi sono materie prime per un **Materiale Finito**. Dopo alcune discussioni con l'azienda, il termine **Materia Prima** viene accettato come supertipo per **Ingrediente** e **Materiale Semilavorato**.

Quello che segue è il nostro modello con i supertipi aggiunti. Cos'altro noti di questo modello?

Anche **Materiale Finito, Materia Prima** e **Materiale di imballaggio** sembrano essere correlati. Allora perché non possiamo farlo?

Supertipi Aggiunti

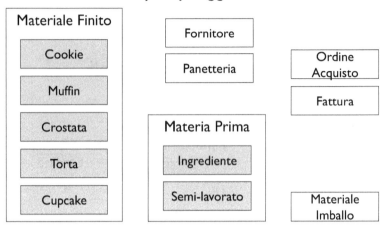

Materiale come supertipo?

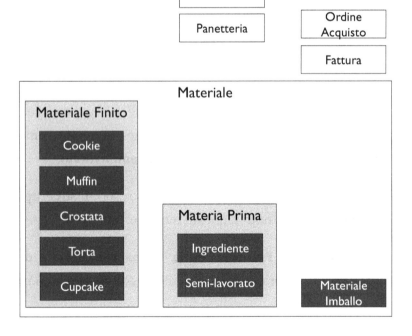

Qui abbiamo il supertipo **Materiale** e i sottotipi **Materiale finito**, **Materia prima** e **Materiale da imballaggio**. Questo modello è corretto? Il sottotipo è utile per mostrare esempi del supertipo. Ad esempio, un **Cookie** è un esempio di **Materiale Finito**. Tuttavia, un **Materiale Finito** è un esempio di un **Materiale**?

Un **Materiale Finito** non è un esempio di un **Materiale**, ma piuttosto un ruolo del **Materiale**. Questo è un **Materiale** che può svolgere i ruoli di **Materiale Finito**, **Materia Prima** e **Materiale di Imballaggio**.

Ruolo materiale aggiunto

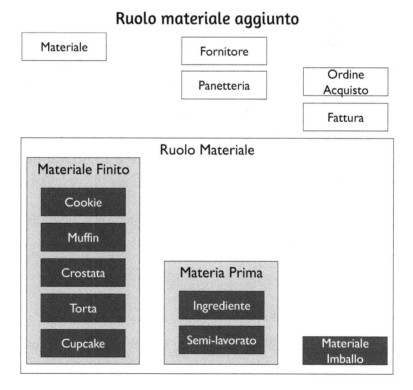

Ad esempio, il **Materiale** impasto per biscotti può svolgere il ruolo di **Materiale Semilavorato** per biscotti con gocce di cioccolato e il ruolo di **Materiale Finito** se Chips Inc. inizia a vendere pasta per biscotti nelle loro panetterie.

Il concetto di ruolo in generale si adatta bene alla categorizzazione dei termini in Chi, Cosa, Quando, Dove, Perché e Come, poiché ciascuna di queste categorie ha un ruolo corrispondente. Un Chi come **Persona** può svolgere i ruoli di **Dipendente** o **Studente**. Un Cosa come **Materiale** può svolgere il ruolo di **Materia Prima** o **Prodotto Finito** a seconda che sia venduto a un consumatore. Un Quando, ad esempio **Tempo**, può svolgere il ruolo di **Orario di arrivo** o **Orario di partenza** per una compagnia aerea. Un Dove come **Indirizzo** può svolgere i ruoli di **Indirizzo di fatturazione** o **Indirizzo di spedizione** per un particolare ordine. Un Perché come **Feedback** può svolgere i ruoli di **Complimento** o **Reclamo**. Un Come **Documento** può svolgere i ruoli di **Contratto dell'autore** o **Contratto del rivenditore**.

Materiale e **Ruolo materiale** hanno una relazione, che creeremo nella prossima sezione!

Step 3: Cattura le relazioni

Le relazioni di un BTM relazionale rappresentano le regole aziendali. Richiama le domande sulla partecipazione e sull'esistenza a cui è necessario rispondere per visualizzare con precisione le regole aziendali per ogni relazione. Le domande di partecipazione determinano se c'è un simbolo uno o "di più" sulla linea di relazione accanto a ciascun termine. Le domande sull'esistenza determinano se c'è un simbolo zero (può) o uno (deve) sulla linea di relazione accanto a uno dei due termini.

Quindi, tornando a **Materiale** and **Ruolo materiale**, ecco le quattro domande insieme alle risposte:

Domanda	Sì	No
Un Materiale può svolgere più di un Ruolo materiale?	✓	
Un Ruolo materiale può essere svolto da più di un Materiale?		✓
Può esistere un Materiale senza un Ruolo materiale?	✓	
Può esistere un Ruolo materiale senza un Materiale?		✓

Le risposte a queste domande portano al modello rappresentato nell'immagine successiva.

La relazione tra Materiale e Ruolo materiale viene letta come:

- Ogni **Materiale** può svolgere molti **Ruoli materiali**.
- Ogni **Ruolo materiale** deve essere svolto da un **Materiale**.

Materiale e Ruolo materiale collegati

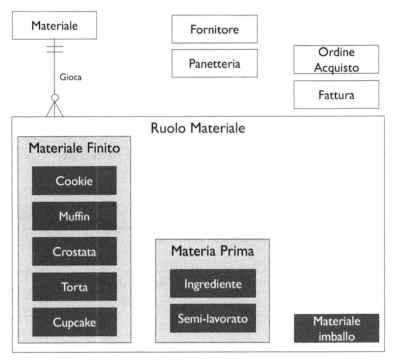

Lavorando con il team esecutivo, abbiamo identificato queste cinque relazioni aggiuntive sul modello:

- **Panetteria** e **Ruolo Materiale**
- **Fornitore** e **Ordine d'Acquisto**
- **Ruolo Materiale** e **Ordine d'Acquisto**
- **Fornitore** e **Fattura**
- **Ruolo Materiale** e **Fattura**

La pagina di fronte contiene le risposte alle domande sulla partecipazione e sull'esistenza per ciascuna di queste cinque relazioni.

Domanda	Sì	No
Un Panificio può utilizzare più di un Ruolo materiale?	✓	
Un Ruolo materiale può essere utilizzato da più di un Panificio?	✓	
Può esistere un Panificio senza un Ruolo materiale?	✓	
Può esistere un Ruolo materiale senza un Panificio?	✓	
Un Fornitore può ricevere più di un Ordine di Acquisto?	✓	
Un Ordine di Acquisto può essere ricevuto da più di un Fornitore?		✓
Può esistere un Fornitore senza un Ordine di Acquisto?	✓	
Può esistere un Ordine di Acquisto senza un Fornitore?		✓
Un ruolo materiale può apparire su più di un Ordine di Acquisto?	✓	
Un Ordine di Acquisto può fare riferimento a più di un Ruolo materiale?	✓	
Può esistere un Ruolo materiale senza un Ordine di Acquisto?	✓	
Può esistere un Ordine di Acquisto senza un Ruolo materiale?		✓
Un Fornitore può creare più di una Fattura?	✓	
È possibile creare una Fattura da più di un Fornitore?		✓
Può esistere un Fornitore senza Fattura?	✓	
Può esistere una Fattura senza un Fornitore?		✓
Un Ruolo materiale può apparire su più di una Fattura?	✓	
Una Fattura può fare riferimento a più di un Ruolo materiale?	✓	
Può esistere un Ruolo materiale senza una Fattura?	✓	
Può esistere una Fattura senza un Ruolo materiale?		✓

Dopo aver tradotto le risposte a ciascuna di queste domande nel modello, abbiamo il seguente modello.

BTM d'Acquisto

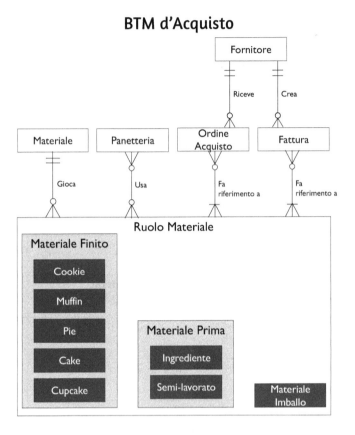

Queste cinque nuove relazioni vengono lette come:

- Ogni **Panificio** può utilizzare molti **Ruoli Materiali**.
- Ogni **Ruolo Materiale** può essere utilizzato da molti **Panifici**.

- Ogni **Fornitore** può ricevere molti **Ordini d'Acquisto**.
- Ogni **Ordine d'Acquisto** deve essere ricevuto da un **Fornitore**.

- Ogni **Ordine d'Acquisto** deve fare riferimento a molti **Ruoli Materiali**.
- Ogni **Ruolo Materiale** può apparire in molti **Ordini d'Acquisto**.

- Ogni **Fornitore** può creare più **Fatture**.
- Ogni **Fattura** deve essere creata da un **Fornitore**.

- Ogni **Fattura** deve fare riferimento a molti **Ruoli Materiali**.
- Ogni **Ruolo Materiale** può apparire su molte **Fatture**.

Step 4: Determina la visualizzazione migliore

Qualcuno dovrà rivedere il tuo lavoro e utilizzare il tuo modello come input per i risultati finali futuri come lo sviluppo del software, quindi decidere quale visualizzazione sia più utile è un passo importante. Sappiamo dopo aver ottenuto una risposta alla domanda strategica # 4, *Chi è il nostro pubblico?* che i validatori saranno il team esecutivo e gli utenti saranno i fornitori di software.

Esistono molti modi diversi per visualizzare il BTM. I fattori includono la competenza tecnica del pubblico e l'ambiente degli strumenti esistenti. Idealmente, possiamo usare la stessa notazione che abbiamo usato in tutto il libro:

BTM d'Acquisto

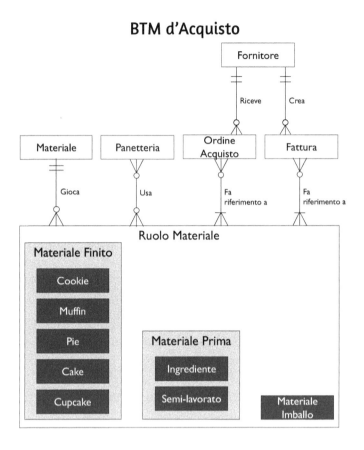

Tuttavia, sarebbe utile sapere quali notazioni di data modeling e strumenti di data modeling sono attualmente utilizzati all'interno dell'organizzazione. Se il pubblico ha familiarità con una particolare notazione di data modeling — come l'Information Engineering (IE), che abbiamo usato in tutto questo libro — questa è la notazione che dovremmo usare. Se il pubblico ha familiarità con un particolare strumento di data modeling, come ER / Studio di IDERA, erwin DM, Hackolade e tale strumento di data modeling utilizza una notazione diversa, dovremmo utilizzare quello strumento con quella notazione per creare il BTM.

A volte a livello di termini aziendali, i validatori e gli utenti potrebbero non voler vedere il BTM in nessuna notazione di data modeling. In queste situazioni, sii creativo con la visualizzazione del modello. Ad esempio, il seguente è uno schizzo aziendale che può essere utilizzato al posto di Information Engineering.

"Purchasing business sketch"

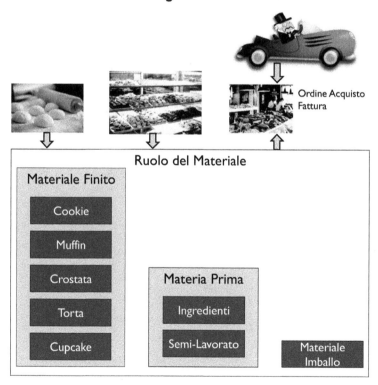

Step 5: Verifica e conferma

In precedenza, abbiamo identificato la persona o il gruppo responsabile della convalida del modello. Ora dobbiamo mostrare loro il modello e assicurarci che sia corretto. Spesso in questa fase, dopo aver rivisto il modello, torniamo indietro e apportiamo alcune modifiche per poi mostrare loro di nuovo il modello. Questo ciclo iterativo continua fino a quando il modello non viene concordato dal validatore e approvato — con questo BTM di acquisto cercheremo l'approvazione del team esecutivo.

Dimensionale

Ora creiamo un BTM dimensionale per un'iniziativa di analisi seguendo i cinque passaggi mostrati nella pagina successive.

Steps per creare un BTM

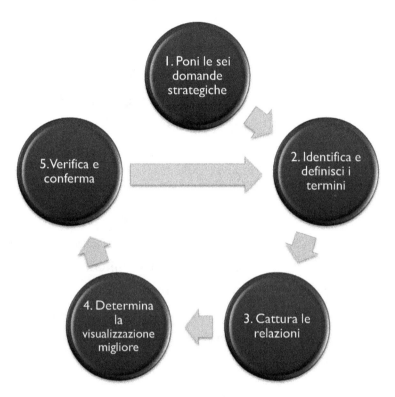

Step 1: Poni le sei domande strategiche

Chips Inc. impiega una contabile che è molto informata sulle finanze del panificio. Incontriamola e poniamo le sei domande per questa iniziativa di analisi.

Sei domande strategiche

1	Qual è la nostra iniziativa?
2	Flessibilità o semplicità?
3	Adesso o dopo?
4	Forward o reverse engineering?
5	Operativo o analitico?
6	Chi è il nostro pubblico?

1. Qual è la nostra iniziativa?

Questa domanda garantisce che sappiamo abbastanza su questa iniziativa di analisi per determinarne l'ambito. Conoscere l'ambito ci consente di decidere quali termini devono comparire sul BTM dell'iniziativa. Quello che segue è la nostra conversazione con la contabile dopo aver posto questa domanda.

> **Contabile**: Ogni anno produco dichiarazioni dei redditi a livello di negozio e corporate. Sono bloccata nei dettagli finanziari e non so come stiamo andando nel complesso. Sapere come stiamo andando costituirà un punto di riferimento per quanto bene sta andando il programma di franchising e anche quanto stiamo risparmiando dalla centralizzazione dei nostri processi aziendali.
>
> **Tu**: Ok, capito. Dimmi di più — come potremmo sapere quanto stiamo andando bene?
>
> **Contabile**: Esaminando il nostro profitto.

Tu: Come determini il profitto?

Contabile: Vendite meno costi. Quindi dobbiamo vedere anche le vendite e i costi. Conoscere il costo, ad esempio, ci dirà il successo o il fallimento della centralizzazione degli acquisti e delle buste paga.

Tu: Ok, e con quale livello di dettaglio sarebbe utile visualizzare profitti, vendite e costi?

Contabile: Devo sapere per ogni panificio e in tutti i panifici, per data, trimestre e anno e, utilizzando il termine corretto preso dal BTM di Acquisti, per materiale finito.

Tu: Mi fa piacere sentire che il Linguaggio Comune di Business creato dal "BTM di Acquisti" sta iniziando ad attaccare. Ok, ho i livelli di dettaglio necessari. Quindi non vuoi vedere le misure a un livello inferiore alla data, ad esempio se le vendite sono migliori prima di pranzo o dopo pranzo, o a un livello superiore alla data, ad esempio per giorno della settimana?

Contabile: Buon punto. Non ho bisogno di vederli a un livello inferiore rispetto alla data, ma conoscere il giorno della settimana e forse anche come queste misurazioni variano in base alle festività, ad esempio per Natale o Halloween, sarebbe molto utile.

Tu: Bene. Ok, lascia che mi scriva queste idee e sono sicuro che avrò altre domande per te. Grazie per il tuo tempo!

Quindi sappiamo che il nostro ambito sarà il processo di ritorno economico (revenue) perché stiamo misurando il successo dei prodotti da forno in termini di vendite, costi e profitti.

2. Flessibilità o semplicità?

Questa domanda garantisce di introdurre termini generici solo se è necessaria flessibilità. Sebbene i termini generici ci consentano di accogliere nuovi tipi di termini che oggi non conosciamo, i termini generici aumentano anche la vaghezza del modello e quindi quasi il 100% delle volte scegliamo la semplicità rispetto alla flessibilità per l'analisi. Questo perché lo scopo dell'analisi è rispondere facilmente a domande quantitative. Qual è una domanda più facile a cui rispondere?

1. Quanti biscotti abbiamo venduto? (Semplice)
2. Quante cose abbiamo venduto di cui il tipo è cookie? (Flessibile)

Sicuramente la prima!

Abbiamo posto questa domanda alla contabile solo per esserne sicuri, e lei ha confermato che la semplicità è la priorità.

Dico quasi il 100% delle volte che scegliamo la semplicità e non sempre il 100% perché ci sono sempre delle eccezioni nel mondo del data management. Una volta ho lavorato a un'applicazione di analytics per un ramo del governo federale, ad esempio, e ciascuno Stato aveva i propri requisiti unici. Invece di creare 50 diverse app di analisi, abbiamo scelto la flessibilità rispetto alla semplicità per il nostro modello, consentendo a ogni Stato di aggiungere i propri requisiti unici senza dover ristrutturare o ricodificare l'applicazione.

3. Adesso o dopo?

Per la "Purchasing Initiative", abbiamo scelto "dopo" perché avevamo bisogno di rappresentare un ambiente di acquisto centralizzato che non esiste oggi per Chips Inc. Per la nostra "revenue BTM", vorremmo anche modellare termini che non esistono oggi. Il contabile ha bisogno di modi diversi e più sintetici di visualizzare i costi, le vendite e i profitti. Pertanto, dobbiamo adottare una prospettiva del "dopo" anche con questo BTM.

4. Forward o reverse engineering?

Analogamente al BTM relazionale di Chips Inc., stiamo guidando lo sviluppo di questa applicazione dai requisiti del contabile e non da un'applicazione esistente. Quindi anche questo è un progetto di forward engineering.

5. Operativo o analitico?

Poiché questa iniziativa richiede l'esecuzione di analisi, come la visualizzazione del profitto a livello di data e quindi la somma a livello di trimestre, costruiremo un BTM dimensionale e non relazionale.

6. Chi è il nostro pubblico?

La contabile convaliderà il nostro modello e molto probabilmente il team esecutivo utilizzerà il nostro modello in futuro. È possibile che anche il team di marketing e vendite trarrebbe vantaggio dal modello, così come il vendor che fornirà o svilupperà l'applicazione di analisi dei ricavi.

Step 2: Identifica e definisci i termini

Ora che abbiamo una direzione, possiamo collaborare con la contabile per identificare i termini nell'ambito dell'iniziativa e trovare una definizione concordata per ciascun termine. Identificare e definire i termini da una prospettiva dimensionale implica la definizione delle domande quantitative a cui la soluzione analitica alla fine risponderà. Ad esempio, immagina di aver acquisito queste domande quantitative dopo il nostro prossimo incontro con la contabile:

1. Quali sono i nostri costi, vendite e profitti per panificio e in tutti i panifici, per una data, un trimestre e un anno particolari e per uno o più materiali finiti?

2. Quali sono i nostri costi, vendite e profitti per panificio e in tutti i panifici, per un particolare

giorno della settimana e per uno o più materiali finiti?

3. Quali sono i nostri costi, vendite e profitti per panificio e in tutti i panifici, per una particolare festività e per uno o più materiali finiti?

Step 3: Cattura le relazioni

Per le dimensioni, dobbiamo prendere le domande di business che abbiamo identificato nel passaggio precedente e quindi creare una *matrice delle misure*.

Una *matrice delle misure* è un foglio di calcolo in cui le misure delle domande aziendali, come costo e profitto, diventano colonne e i livelli dimensionali di ciascuna domanda aziendale, come data e trimestre, diventano righe. Lo scopo di una *matrice di misure* è quello di definire in modo efficiente le soluzioni di analisi.

Possiamo tracciare centinaia di domande aziendali su una matrice delle misure e quindi osservare somiglianze tra domande di diversi reparti. Possiamo quindi raggruppare misure e livelli dimensionali simili in iniziative di analisi proposte, rendendo la matrice delle misure uno strumento fantastico per tradurre e definire l'ambito delle domande aziendali in progetti.

Quindi, ad esempio, Chips Inc. potrebbe avere oltre 100 domande quantitative a cui la direzione vorrebbe rispondere e tutte queste domande possono essere tracciate su una matrice delle misure. Una volta tracciate le domande, possiamo raggrupparle in iniziative, come questa:

Matrice delle misure di livello molto alto

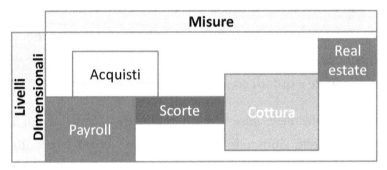

Potrebbero esserci state 20 domande relative agli acquisti che sono state raggruppate in un'applicazione di analisi degli acquisti, 15 domande relative agli stipendi raggruppate in un sistema di reporting sui salari e così via.

Non abbiamo raccolto centinaia di domande aziendali con l'anticipazione di utilizzare la matrice delle misure per definire molte iniziative diverse per Chips Inc., ma abbiamo raccolto solo tre domande dalla contabile, quindi la nostra matrice delle misure sarà per una sola iniziativa, l'analisi dei ricavi.

Tracciamo le nostre tre domande su una matrice di misure. I numeri nella matrice delle misure si riferiscono ai precedenti tre numeri di domanda.

Matrice delle misure dei ricavi

	Costi	Vendite	Profitto
Data	1	1	1
Trimestre	1	1	1
Anno	1	1	1
Giorno della Settimana	2	2	2
Festività	3	3	3
Panificio	1,2,3	1,2,3	1,2,3
Materiale finito	1,2,3	1,2,3	1,2,3

Step 4: Determina la visualizzazione

La contabile è la nostra validatrice e quindi dobbiamo scoprire quale tipo di immagine troverebbe più vantaggiosa. Inoltre, dobbiamo assicurarci che gli utenti, come il team esecutivo, dispongano di una grafica utile. Possiamo usare immagini o foto per visualizzare il BTM dimensionale, ma spesso trovo che la tecnica Axis sia l'ideale.

Tecnica Axis

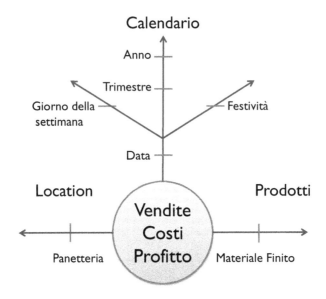

La Tecnica Axis è quando si inseriscono i nomi delle misure come **Vendite**, **Costi** e **Profitto** o il nome del processo aziendale, come **Entrate**, nel cerchio centrale — con ogni asse che rappresenta una dimensione. Le tacche su ciascun asse rappresentano i livelli di granularità necessari per le misure. Abbiamo bisogno di vedere le **Vendite**, i **Costi** e il **Profitto** per **Panetteria**, **Data** e **Materiale Finito**. A volte invece di **Data** potremmo voler vedere queste tre misurazioni ai livelli più alti di **Trimestre**, **Anno**, **Giorno della settimana** o **Festività**.

Un vantaggio importante della Tecnica Axis, oltre ad essere estremamente intuitiva, è che possiamo mostrare molto facilmente percorsi di navigazione complessi. Possiamo visualizzare le **Vendite** per il **Panificio A** per i biscotti con gocce di cioccolato in **Materiale Finito** alla **Data** del 1 ° febbraio 2020, ad esempio, quindi per questo stesso **Panificio** e **Materiale Finito**, visualizzare le **Vendite** per il **Trimestre** Q12020 o per l'**Anno** 2020. Possiamo anche scegliere un percorso di navigazione diverso e guardare le **Vendite** per **Giorno della Settimana** come lunedì o per la **Festività** di San Valentino.

Giorno della Settimana e **Festività** non hanno una correlazione tra loro o con **Trimestre**. Ad esempio, il 31 ottobre 2019 cattura la **Festività** di Halloween e il **Giorno della Settimana** del giovedì. Il 31 ottobre 2018, tuttavia, cattura la **Festività** di Halloween e il **Giorno della Settimana** mercoledì. Inoltre, il 28 novembre 2019 cattura la **Festività** del Ringraziamento e il **Giorno della Settimana** del giovedì.

Step 5: Riuedi e conferma

Dobbiamo rivedere il nostro BTM con il validatore, la nostra contabile, per assicurarci che sia corretto. Spesso in questa fase, dopo aver rivisto il modello, torniamo indietro e apportiamo alcune modifiche per poi incontrarci per rivedere nuovamente il modello. Questo ciclo iterativo continua fino all'approvazione del modello.

Mantenimento

Le nostre organizzazioni cambiano nel tempo e quindi a volte anche i BTM devono cambiare. Fortunatamente, poiché i BTM contengono termini di business e non strutture di dati dettagliate, non cambiano spesso. Ma quando un'organizzazione apporta grandi cambiamenti, come l'acquisto di un'azienda, la vendita di un'azienda, l'ingresso in una nuova linea di business o la cessione di una linea di business, questi tipi di cambiamenti possono avere un impatto sui nostri modelli.

Se non manteniamo i modelli, perdono valore molto rapidamente. Non appena un utente del modello nota qualcosa che non è più attuale su un BTM, ci sono buone probabilità che l'utente non si fidi o non utilizzi mai più quel BTM.

Assicurati che ci sia un ruolo o un gruppo responsabile della gestione dei BTM all'interno della tua organizzazione.

Takeaways

Prima di iniziare qualsiasi progetto, ci sono sei domande strategiche che devono essere poste (Step 1). Queste domande sono un prerequisito per il successo di qualsiasi iniziativa perché assicurano che scegliamo i termini giusti per il nostro BTM. Successivamente, identifica tutti i termini che rientrano nell'ambito dell'iniziativa (Step 2). Assicurati che ogni termine sia chiaramente e completamente definito. Quindi determina in che modo questi termini sono correlati tra loro (Step 3). Spesso, a questo punto, dovrai tornare allo step 2, perché nel catturare le relazioni potresti trovare nuovi termini. Quindi, determina l'aspetto visivo più vantaggioso per il tuo pubblico (Step 4). Considera l'aspetto visivo che risuonerebbe meglio con quelli che dovranno rivedere e utilizzare il tuo BTM. Come passaggio finale, richiedi l'approvazione del tuo BTM (Step 5). Spesso a questo punto ci sono ulteriori modifiche al modello e scorriamo attraverso questi passaggi finché il modello non viene accettato.

Pratica

E ora divertiamoci!

In questo capitolo costruirò due BTM, uno relazionale per un'iniziativa operativa e uno dimensionale per un'iniziativa di analisi. Avrai l'opportunità di costruire i tuoi BTM relazionali e dimensionali mentre progrediamo in ciascuno dei cinque passaggi.

Relazionale

Se l'obiettivo dell'iniziativa è capire come funziona un processo aziendale, in previsione di introdurre, sostituire, integrare o personalizzare un'applicazione operativa, allora le regole che governano i termini sono molto importanti da comprendere e acquisire, e quindi è necessario un BTM relazionale. Esaminiamo i cinque passaggi per crearne uno.

Steps per creare un BTM

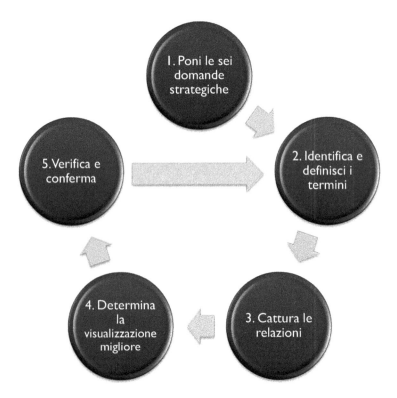

Step 1: Poni le sei domande strategiche

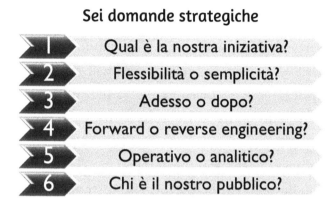

Sei domande strategiche

1. Qual è la nostra iniziativa?
2. Flessibilità o semplicità?
3. Adesso o dopo?
4. Forward o reverse engineering?
5. Operativo o analitico?
6. Chi è il nostro pubblico?

1. Qual è la nostra iniziativa?

Questa domanda garantisce che sappiamo abbastanza sull'iniziativa per determinarne l'ambito. Conoscere l'ambito ci consente di decidere quali termini devono comparire sul BTM dell'iniziativa.

Ho tenuto la nostra prima conferenza sulla Data Modeling Zone nel 2012. Visita https://datamodelingzone.com/ per saperne di più sulle conferenze future, poiché ci sono sessioni non solo sui BTM ma anche sul data modeling logico e fisico. Forse puoi presentare un tuo case study di successo che utilizzi il BTM!

Oggi ci sono tre conferenze all'anno, una negli Stati Uniti che continuo a organizzare e una in Europa e in Australia che co-organizzo. Gestisco i partecipanti utilizzando lo stesso processo e gli stessi strumenti del 2012, con

Microsoft Excel che è il mio strumento principale. Non essere così sorpreso: la maggior parte delle organizzazioni oggi utilizza ancora Excel!

Con un ambiente che sta diventando sempre più complesso a causa della personalizzazione della registrazione, come qualcuno che si registra per l'intero evento rispetto a qualcun altro che si sta semplicemente registrando per un tutorial pre-conferenza, oltre a più leggi sulla privacy personale che variano tra le regioni — il GDPR in Europa, The Privacy Act in Australia e varie leggi sulla privacy negli Stati Uniti — ho bisogno di comprendere e consolidare meglio i dati sui partecipanti e quindi comprendere meglio i termini all'interno del panel dei partecipanti.

Una volta che ho compreso meglio il panel dei partecipanti, posso valutare in modo intelligente le soluzioni software create per la loro gestione.

Chiamiamo questo progetto *Attendee Initiative*. Ricorda che il modo migliore per imparare è esercitarti, quindi prendi carta e penna e segui!

Qual è la tua iniziativa?

Questa "Attendee Initiative" richiederà l'acquisizione di come funzionano i processi di registrazione e check-in dei partecipanti. La registrazione è quando qualcuno si iscrive per partecipare alla conferenza Data Modeling Zone e il check-in avviene quando arriva alla conferenza e ritira il badge della conferenza. L'ambito della mia iniziativa è il partecipante.

2. Flessibilità o semplicità?

Questa domanda garantisce l'introduzione di termini generici solo se è necessaria flessibilità. I termini generici ci consentono di accogliere nuovi tipi di termini attualmente sconosciuti o fuori ambito. Ad esempio, scegliere **Persona** come termine più generico rispetto a **Partecipante** ci consentirebbe di accogliere altri tipi di persone come il personale e gli speakers.

Hai scelto flessibilità o semplicità per la tua iniziativa?

Ho bisogno di flessibilità? Se il nostro obiettivo è comprendere meglio il partecipante, perché non concentrarsi sui partecipanti e lasciare che il termine **Partecipante** sia il nostro termine anziché **Persona**? Scegliamo, almeno inizialmente, la semplicità e creiamo il termine **Partecipante**. Si noti che a volte la nostra prospettiva cambia da semplicità a flessibilità quando iniziamo a conoscere meglio l'iniziativa. Potresti vederlo qui. (Spoiler-alert!)

3. Adesso o dopo?

Questa domanda garantisce che abbiamo scelto la prospettiva temporale corretta per il nostro BTM. Se siamo intenzionati a capire come funzionano i processi aziendali oggi, dobbiamo assicurarci che il nostro modello rifletta una prospettiva attuale (ora). Se intendiamo capire come funzioneranno i processi aziendali nel futuro rispetto ad ora, allora abbiamo bisogno di una prospettiva futura (dopo).

Hai scelto una prospettiva "adesso" o "dopo" per la tua iniziativa?

I nostri diversi processi di registrazione e check-in dei partecipanti basati su Excel sono ormai superati e ho bisogno di processi più consolidati per la gestione dei partecipanti. Oggi non esiste una prospettiva consolidata dei partecipanti, che mi richiede di scegliere la visualizzazione "dopo". Ciò significa che avrò bisogno di una mappatura dal mio attuale ambiente basato su Excel al nuovo ambiente più olistico.

Considera la mappatura di figura come un'anteprima di ciò che potrebbe accadere mentre procediamo nei cinque passaggi. È possibile che oggi io veda il mondo in termini di ruoli ristretti come **Partecipante** e **Speaker**. Dalla prospettiva successiva, potrei riconoscere **Partecipante** e **Speaker** come ruoli che una **Persona** può svolgere. Mappe come quella rappresentata ci aiutano a migrare da una prospettiva attuale a quella futura. Tornando alla questione strategica sulla flessibilità o semplicità, forse dovremmo puntare di più alla flessibilità e introdurre **Persona**.

Attendee Initiative mappatura da ora a dopo

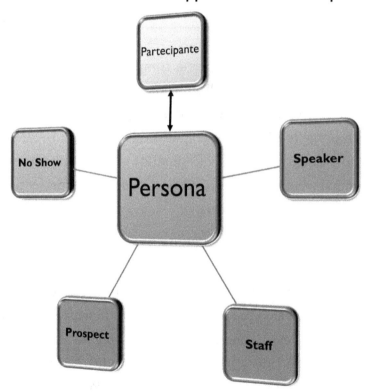

4. Forward o reverse engineering?

Questa domanda garantisce che stiamo selezionando la "lingua" più appropriata per il BTM. Se l'iniziativa è guidata dai requisiti aziendali, è uno sforzo di forward engineering e scegliamo un linguaggio di business. Se l'iniziativa è guidata da un'applicazione, si tratta di uno sforzo di reverse engineering e scegliamo il linguaggio dell'applicazione.

Hai scelto il forward o il reverse engineering per la tua iniziativa?

Dal momento che devo prima comprendere il linguaggio di business all'interno dell'ambiente dei partecipanti prima di introdurre un qualche tipo di soluzione software, questo è un progetto di forward engineering e sceglierò l'opzione di forward engineering. Ciò significa guidato dai requisiti e quindi i miei termini saranno business terms e non termini legati all'applicazione.

5. Operativo o analitico?

Questa domanda assicura che scegliamo il giusto tipo di BTM — relazionale per operativo o dimensionale per analitico. Devo concentrarmi sulle regole all'interno dell'ambiente dei partecipanti, quindi questo sarà operativo e costruirò un BTM relazionale. Per il tuo primo modello, assicurati di scegliere anche relazionale.

6. Chi è il nostro pubblico?

Dobbiamo sapere chi esaminerà il nostro modello (validatore) e chi utilizzerà il nostro modello in futuro (utenti). Il motivo di questa domanda è assicurarci di costruire il giusto tipo di rappresentazione. Se, per esempio, il validatore e gli utenti si sentono a proprio agio con la notazione che abbiamo imparato in questo libro, allora quella sarà la notazione che useremo. Altrimenti, potremmo aver bisogno di essere creativi e trovare un modo diverso per presentare il BTM, come l'esempio che abbiamo visto nell'ultimo capitolo.

Chi sono i validatori e gli utenti della tua iniziativa?

I miei colleghi che mi aiutano ad organizzare le conferenze saranno i validatori. Saranno loro a dirmi se il modello è corretto o necessita di modifiche. I fornitori di software che potrebbero avere una soluzione che io potrò utilizzare, saranno gli utenti del modello. I fornitori potranno studiare il mio BTM e determinare se hanno una soluzione che soddisfi le mie esigenze.

Step 2: Identifica e definisci i termini

Ora che abbiamo la direzione, possiamo lavorare con gli esperti aziendali per identificare i termini nell'ambito dell'applicazione e trovare una definizione concordata per ciascun termine. Un termine può rientrare in una delle sei categorie: chi, cosa, quando, dove, perché o come. Possiamo utilizzare queste sei categorie per creare un modello di termini per catturarli sul nostro BTM relazionale.

Completa questo modello di termini per la tua iniziativa. Crea un grafico di mappatura come illustrato nell'ultimo capitolo se il tuo pubblico usa termini diversi per la stessa cosa.

Il modello dei termini dell'iniziativa

Who?	What?	When?	Where?	Why?	How?
1.	1.	1.	1.	1.	1.
2.	2.	2.	2.	2.	2.
3.	3.	3.	3.	3.	3.
4.	4.	4.	4.	4.	4.
5.	5.	5.	5.	5.	5.

Ed ecco il modello di termini completato per la mia iniziativa:

Termini Attendee Initiative

Chi?	Cosa?	Quando?	Dove?	Perché?	Come?
Partecipante	Conferenza		Location	Registrazione	Meccanismo di Contatto
Speaker	Opzione Conferenza			Promozione	
Prospect				Pagamento	
No Show					

Ci sono un paio di osservazioni che possiamo fare sulla base di questo modello:

- **Più ampio di Partecipante.** Possiamo vedere quattro termini nella colonna Chi, di cui **Partecipante** è solo un tipo di persona. Ricordi la scelta di semplicità rispetto alla flessibilità discussa in precedenza? Questi quattro termini sono ruoli che una **Persona** può svolgere. Sulla base della discussione sulla mappatura di poche pagine fa, molto probabilmente opteremo per la flessibilità, come: e se il **Personale** rientrasse nell'ambito di applicazione nel prossimo futuro? Aspettatevi i termini **Persona** e **Ruolo della persona** sul mio BTM. In effetti, potremmo cambiare il nome dell'iniziativa da Attendee Initiative a Person Initiative.

- **Assenza di termini Quando.** Non ci sono termini nella colonna Quando. Ciò può significare che abbiamo perso i termini o che non ci sono davvero termini basati sul calendario o sul tempo come parte di questa iniziativa.

- **Perché e Come sono simili. Registrazione, Promozione,** e **Pagamento** possono essere documenti nella colonna Come tanto quanto eventi nella colonna Perché. Ad esempio, potrebbe esserci un evento di registrazione dopo aver completato l'azione di registrazione per Data Modeling Zone. Potrebbe anche esserci un documento di registrazione inviato via email a quella persona a conferma della registrazione.

Di seguito è riportato un foglio di calcolo prodotto dopo diverse discussioni con il mio team della conferenza, contenente i termini iniziali, le definizioni e le domande in sospeso.

Definizioni e domande

Termini	Definizioni	Domande
Partecipante	Una persona che si è registrata per partecipare a una conferenza sulla Data Modeling Zone. Potrebbero aver pagato o ricevuto un pass scontato o gratuito (noto come pass beta) per la conferenza. I relatori e il personale non sono considerati partecipanti.	È importante distinguere un partecipante pagante da un partecipante che partecipa gratuitamente? Se qualcuno paga e poi annulla, viene comunque considerato un partecipante? Il personale rientra nell'ambito dell'iniziativa?

Termini	Definizioni	Domande
Speaker	Una persona che è stata accettata per presentare una o più sessioni a una conferenza sulla Data Modeling Zone.	Se qualcuno è programmato per parlare e si cancella, viene comunque considerato uno speaker? È importante sapere gli speaker che annullano? Esistono diversi tipi di speaker, come quelli che tengono le presentazioni, siedono in pannelli o facilitano le sessioni?
Prospect	Una persona che è un buon candidato per partecipare a una conferenza sulla Data Modeling Zone.	Un partecipante a una conferenza di Data Modeling Zone può diventare un prospect per un'altra conferenza di Data Modeling Zone? Quando un partecipante precedente diventa un prospect? Esistono diversi tipi di prospettive in base al loro potenziale di partecipazione?
No Show	Un partecipante o un oratore che non si presenta alla conferenza.	Se un partecipante si presenta lunedì per la conferenza, ma non martedì, è considerato no show? Se qualcuno partecipa solo per una parte della giornata, ad esempio saltando le sessioni pomeridiane, sarebbe considerato un no show?

Termini	Definizioni	Domande
Conferenza	Un evento pianificato e sede per una conferenza sulla Data Modeling Zone.	In che modo un evento differisce da una conferenza?
Opzione Conferenza	Un'opzione di registrazione diversa per la conferenza.	Gli esempi sarebbero utili in questa definizione.
Location	Un hotel o un tipo di edificio simile in cui si tiene la conferenza.	È importante distinguere un hotel da un "tipo di edificio simile"?
Registrazione	Un accordo tra noi e un partecipante che parteciperà a una delle nostre conferenze per una particolare opzione di conferenza.	A che punto un prospect diventa un partecipante? È quando fanno clic sul pulsante Registrati dopo aver inserito le loro informazioni o quando pagano per la conferenza?
Promozione	Uno sconto che viene offerto come incentivo per qualcuno a registrarsi a una conferenza. Gli esempi includono sconti anticipati e sconti per i rappresentanti dei media.	Il rappresentante dei media dovrebbe essere un altro tipo di partecipante?

Termini	Definizioni	Domande
Pagamento	La quantità di denaro che una persona paga per diventare un partecipante.	Quali tipi di dettagli di pagamento stiamo memorizzando per ogni partecipante in base al tipo di pagamento? Ad esempio, i numeri di carta di credito vengono memorizzati per coloro che pagano con carte di credito?
Meccanismo di Contatto	I diversi modi in cui possiamo contattare una persona, ad esempio per telefono o e-mail.	Esistono diversi modi per contattare una persona in base ai ruoli di quella persona?

Compila un foglio di calcolo simile contenente definizioni e domande per la tua iniziativa.

Non investiremo spazio qui per rispondere alle domande di cui sopra e per vedere come queste risposte influenzano il nostro modello. Tuttavia, ricorda la nostra discussione nell'ultimo capitolo sul valore delle domande. Ad esempio, quando apprendiamo le risposte alle domande del **Partecipante**, potremmo apprendere che lo **Staff** rientra veramente nell'ambito dell'iniziativa e dovrà essere aggiunto alla tabella sopra e come termine sul nostro modello.

Ecco i termini raggruppati in base alla colonna in cui sono comparsi nel nostro template di termini:

Termini comuni raggruppati insieme

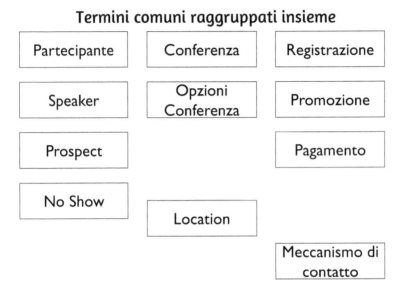

Il raggruppamento in questo modo semplifica l'identificazione dei supertipi. Qui si identificano i supertipi **Ruolo persona** e **Evento persona**.

Partecipante, Speaker, Prospect e **No Show** non sono persone, ma ruoli che una **Persona** può svolgere. Bob è una **Persona** che interpreta il ruolo di **Prospect** finché non si registra. Ora interpreta il ruolo di **Partecipante**. Potrebbe anche essere uno **Speaker** e se non si presenta alla conferenza interpreterà il ruolo di **No Show**. Quindi ho separato la **Persona** dai ruoli che la **Persona** interpreta.

Supertipi aggiunti

Leggendo le due strutture di sottotipo, abbiamo:

- Ogni **Ruolo di Persona** può essere **Partecipante,
  Speaker, Prospect** o **No Show.**
- **Partecipante** è un **Ruolo di Persona.**
- **Speaker** è un **Ruolo di Persona.**
- **Prospect** è un **Ruolo di Persona.**
- **No Show** è un **Ruolo di Persona.**

- Ogni **Evento Persona** può essere **Registrazione,
  Promozione,** o **Pagamento.**
- **Registrazione** è un **Evento Persona.**
- **Promozione** è un **Evento Persona.**
- **Pagamento** è un **Evento Persona.**

Ci sono opportunità per introdurre sottotipi o ruoli nel tuo BTM?

Step 3: Cattura le relazioni

Le relazioni dei BTM relazionali rappresentano le regole di business. Richiama le domande sulla partecipazione e sull'esistenza a cui è necessario rispondere per visualizzare con precisione le regole aziendali per ogni relazione. Le domande di partecipazione determinano se c'è un simbolo uno o più sulla linea di relazione accanto a ciascun termine. Le domande sull'esistenza determinano se c'è un simbolo zero (può) o uno (deve) sulla linea di relazione accanto a uno dei due termini.

Discutendo i termini e il loro significato, io e il mio team abbiamo identificato queste sei relazioni:

- Persona e **Ruolo di Persona**
- **Ruolo di Persona** e **Evento Persona**
- **Location** e **Conferenza**
- **Conferenza** e **Opzione Conferenza**
- **Opzione Conferenza** e **Evento Persona**
- **Ruolo di Persona** e **Meccanismo di Contatto**

Ora ho bisogno di catturare le quattro domande per ogni relazione. Nell'ultimo capitolo, ho condiviso con voi due modelli di domande, uno con solo le domande e poi anche con le risposte. Per salvare una pagina, condividerò con te un modello con le risposte.

Domanda	Sì	No
Una Persona può svolgere più di un Ruolo Persona?	✓	
Il Ruolo di una persona può essere interpretato da più di una Persona?		✓
Può una Persona esistere senza un Ruolo di persona?	✓	
Può esistere un Ruolo di persona senza una Persona?		✓
Un Ruolo persona può avviare più di un Evento persona?	✓	
Un Evento persona può essere avviato da più di un Ruolo persona?		✓
Può esistere un Ruolo persona senza un Evento persona?	✓	
Può esistere un Evento persona senza un Ruolo persona?		✓
Una Location può essere la sede di più di una Conferenza?	✓	
Una Conferenza può essere organizzata in più Location?		✓
Può esistere una Location senza una Conferenza?	✓	
Può esistere una Conferenza senza una Location?		✓
Una Conferenza può offrire più di un'Opzione conferenza?	✓	
È possibile offrire un'Opzione conferenza in più di una Conferenza?		✓

Domanda	Sì	No
Può esistere una Conferenza senza un'Opzione conferenza?	✓	
Può esistere un'Opzione conferenza senza una Conferenza?		✓
Un'Opzione conferenza può includere più di un Evento persona?	✓	
Un Evento Persona può essere incluso in più di un'Opzione Conferenza?		✓
Può esistere un'Opzione conferenza senza un Evento persona?	✓	
Può esistere un Evento persona senza un'Opzione conferenza?		✓
Un Ruolo di persona può essere raggiunto da più di un Meccanismo di contatto?	✓	
Un Meccanismo di contatto può raggiungere più di un Ruolo persona?		✓
Può esistere un Ruolo di persona senza un Meccanismo di contatto?	✓	
Può esistere un Meccanismo di contatto senza un Ruolo persona?		✓

Identifica le relazioni per la tua iniziativa e completa un modello come quello sopra per strutturare le quattro domande per ciascuna relazione. Trova una risorsa esperta e chiedi loro di rispondere a ciascuna delle domande nel foglio di lavoro.

Le risposte a queste domande hanno portato al seguente modello.

Iniziativa Persona BTM

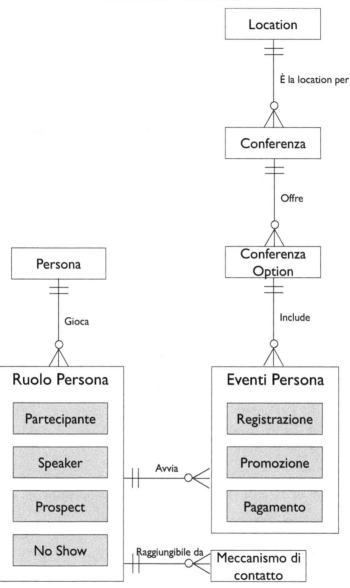

Crea il BTM in base alle risposte alle tue domande.

Le nuove relazioni si leggono come:

- Ogni **Location** può essere la sede di molte **Conferenze**.

- Ogni **Conferenza** deve essere situata in una **Location**.

- Ogni **Conferenza** può offrire molte **Opzioni di Conferenza**.

- Ogni **Opzione di Conferenza** deve essere offerta in una **Conferenza**.

- Ogni **Opzione di Conferenza** può includere molti **Eventi Persona**.

- Ogni **Evento Persona** deve essere incluso in una **Opzione di Conferenza**.

- Ogni **Persona** può svolgere molti **Ruoli Persona**.

- Ogni **Ruolo Persona** deve essere interpretato da una **Persona**.

- Ogni **Ruolo Persona** può avviare molti **Eventi Persona**.

- Ogni **Evento Persona** deve essere avviato da un **Ruolo Persona**.

- Ogni **Ruolo Persona** può essere raggiunto da molti **Meccanismi di Contatto**.

- Ogni **Meccanismo di Contatto** deve raggiungere un **Ruolo Persona**.

Articola le relazioni come ho fatto sopra per ciascuna relazione sul tuo modello.

Step 4: Determina la visualizzazione

In termini di aspetto visivo, userò i simboli che abbiamo imparato in questo libro e il modello sopra diventa il mio modello finale.

Quale tipo di visual hai scelto per la tua iniziativa?

Pensa al tuo validatore e agli utenti quando scegli il tipo di immagine. Un vantaggio molto importante dell'utilizzo di simboli come quelli del modello sopra, è che questi stessi simboli vengono spesso utilizzati su modelli di dati logici e fisici più dettagliati. Ad esempio, questo sottoinsieme del mio BTM:

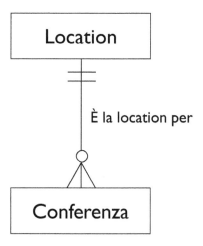

Potrebbe apparire così su un modello di dati logico (notazioni in inglese):

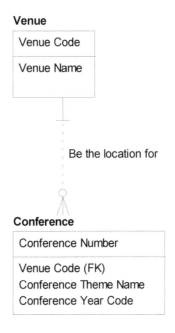

Nota che sebbene ci siano dettagli aggiuntivi su questo modello, puoi leggere la relazione allo stesso modo del BTM.

Step 5: Rivedi e conferma

Mi incontro con il mio team e firmiamo il modello.

Parte di questo processo di revisione consiste nell'affrontare eventuali domande in sospeso e spesso le risposte possono portare a ulteriori modifiche al nostro modello e miglioramenti alle nostre definizioni.

Dimensionale

Se l'obiettivo dell'iniziativa è acquisire le prestazioni di un processo aziendale in previsione dell'introduzione, della sostituzione, dell'integrazione o della personalizzazione di un'applicazione analitica, le domande quantitative sono molto importanti da identificare e acquisire. Esaminiamo i cinque passaggi per costruire un BTM, questa volta per un BTM dimensionale.

Steps per creare un BTM

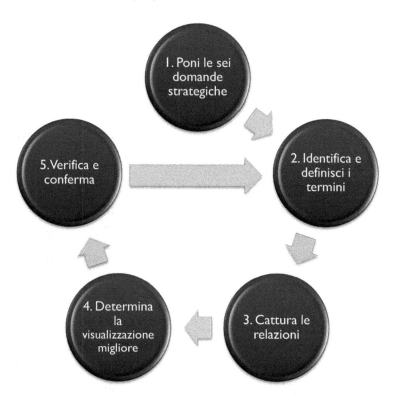

Step 1: Poni le sei domande strategiche

Ponetevi queste sei domande per il vostro BTM dimensionale e poi leggete di seguito per vedere le risposte per la mia iniziativa di analisi.

Sei domande strategiche

1. Qual è la nostra iniziativa?
2. Flessibilità o semplicità?
3. Adesso o dopo?
4. Forward o reverse engineering?
5. Operativo o analitico?
6. Chi è il nostro pubblico?

1. Qual è la nostra iniziativa?

Abbiamo sponsor che pagano per esporre e in alcuni casi parlano alle nostre conferenze. La mia "Sponsor Initiative" mi consentirà di analizzare il coinvolgimento di ogni sponsor in ogni conferenza, insieme alle entrate che abbiamo raccolto da ciascuno di essi. Posso quindi premiare gli sponsor che hanno mostrato una maggiore lealtà alle nostre conferenze dando loro posizioni più visibili per gli espositori e spazi per parlare più importanti.

Analizzeremo come stanno andando le sponsorizzazioni per ogni conferenza, e quindi è un progetto di analisi che richiede un BTM dimensionale. Una volta comprese le analisi richieste dalla "Sponsor Initiative", assumerò uno sviluppatore per creare uno strumento di analisi da utilizzare.

Qual è la tua iniziativa?

Quindi la mia "Sponsor Initiative" si concentra sugli sponsor e sui loro investimenti nelle nostre conferenze nel tempo.

2. Flessibilità o semplicità?

Come accennato in precedenza, la maggior parte dei BTM dimensionali è semplice piuttosto che flessibile perché è più facile comprendere l'analisi quando si utilizzano termini semplici che l'azienda utilizza rispetto a termini più generici che sono più difficili da comprendere come **Persona** o **Soggetto**. Se scelgo la flessibilità, ciò significa che un partecipante potrebbe essere chiamato **Persona** o **Soggetto**. Ciò consentirà di adattarle ad altri tipi di persone o soggetti come dipendenti dell'azienda e sponsor.

Hai scelto flessibilità o semplicità per la tua iniziativa?

Ma ho bisogno di flessibilità? Se il nostro obiettivo è comprendere meglio lo sponsor, non dovremmo concentrarci sullo sponsor e lasciare che il nostro termine sia **Sponsor** anziché **Soggetto**?

Penso di sì e quindi sceglieremo la semplicità.

3. Adesso o dopo?

Questa domanda garantisce che abbiamo scelto la prospettiva temporale corretta per il nostro BTM.

Hai scelto una prospettiva "ora" o "dopo" per la tua iniziativa?

Ho bisogno di sapere del nostro attuale stato di sponsor. Quindi sceglierò la visualizzazione "ora".

4. Forward o reverse engineering?

Questa domanda garantisce che stiamo selezionando la "lingua" più appropriata per il BTM.

Hai scelto il forward o il reverse engineering per la tua iniziativa?

Poiché devo capire come funziona la situazione degli sponsor prima di costruire la nostra applicazione di analisi, sceglierò l'opzione di forward engineering. Ciò significa guidato dai requisiti, e quindi i miei termini saranno termini di business anziché termini di applicazione.

5. Operativo o analitico?

Questa domanda ci assicura di scegliere il giusto tipo di BTM.

Hai scelto operativo o analitico per la tua iniziativa?

Ho bisogno di analizzare le entrate degli sponsor, e quindi questo sarà per l'analisi e costruirò un BTM dimensionale. Per il tuo primo modello, assicurati di aver scelto anche un modello dimensionale.

6. Chi è il nostro pubblico?

Cioè, chi convaliderà il modello e chi lo utilizzerà in futuro?

Chi sono i validatori e gli utenti della tua iniziativa?

I miei colleghi che mi aiutano ad organizzare le conferenze saranno i validatori. Saranno loro a dirmi se il modello è corretto o necessita di modifiche. Lo sviluppatore che assumo per costruire l'applicazione di analisi sarà l'utente del modello. Lo sviluppatore può studiare il mio BTM e determinare il modo migliore per creare l'applicazione.

Step 2: Identifica e definisci i termini

Ora che abbiamo la direzione, possiamo lavorare con gli esperti aziendali per identificare i termini nell'ambito dell'applicazione e trovare una definizione concordata per ciascun termine. Identificare e definire i termini da una prospettiva dimensionale implica la definizione delle domande quantitative a cui l'applicazione alla fine risponderà.

Quali sono le domande quantitative per la tua iniziativa?

Ecco le domande quantitative per la mia "Sponsor Initiative":

1. Quanto ci ha pagato ogni sponsor per conferenza e paese?
2. Quanto ci ha pagato ogni sponsor per anno, paese e livello? I livelli di sponsorizzazione sono Platinum, Gold e Silver.
3. Quanto ci ha pagato ogni sponsor all'anno?

Sul tuo BTM dimensionale, se percepisci un'ambiguità nei termini usati nelle domande quantitative, passa attraverso un esercizio di definizione. Ad esempio, se ritenessi che il significato di **Sponsor** non fosse chiaro, lavorerei con il team per trovare una definizione concordata per questo termine.

Step 3: Cattura le relazioni

Per i BTM dimensionali, dobbiamo porci le domande quantitative che abbiamo identificato nel passaggio precedente e quindi creare una matrice delle misure. Ricorda che una matrice delle misure è un foglio di calcolo in cui le misure delle domande quantitative diventano colonne e i livelli dimensionali di ciascuna domanda quantitativa diventano righe.

Per la mia "Sponsor Initiative", tracciamo le tre domande su una matrice di misure. I numeri nella matrice delle misure si riferiscono ai precedenti tre numeri di domanda.

Matrice delle misure dell'Iniziativa di Sponsor

	Importo dello Sponsor
Conferenza	1
Anno	2,3
Paese	1,2
Sponsor	1,2,3
Livello	2

Completa un modello simile per la tua iniziativa.

Step 4: Determina la visualizzazione

Sono un grande fan della Tecnica Axis per un BTM dimensionale, quindi quello che segue è il mio BTM per la Sponsor Initiative.

BTM per Iniziativa di Sponsor.

Crea un BTM per la tua iniziativa dimensionale.

Step 5: Rivedi e conferma

In precedenza abbiamo identificato la persona o il gruppo responsabile della convalida del modello. Dovrò mostrare ai miei colleghi che mi aiutano a organizzare le conferenze il modello e assicurarmi che sia corretto. Spesso dopo aver esaminato il modello, possiamo tornare indietro e apportare alcune modifiche per poi mostrare loro di nuovo il modello. Questo ciclo iterativo continua fino all'approvazione del modello.

Takeaways

Ti senti più a tuo agio nel costruire e usare i BTM relazionali e dimensionali dopo aver letto il libro e aver fatto pratica in questo capitolo?

Proprio come qualsiasi cosa nuova, più fai pratica più risultati ottieni. Scoprirai che utilizzando questo potente strumento di comunicazione, creare questi modelli diventa quasi una seconda natura ogni volta che senti la necessità di un Linguaggio Comune di Business.

Inoltre, se ti appassioni ai BTM e desideri di più sul lato del data modeling, espandi il tuo set di competenze nella modellazione dei dati logica e fisica. Un buon libro con cui iniziare è il mio libro, *Data Modeling Made Simple*. Pubblicità spudorata!

Buona fortuna per le tue avventure con i BTM!

www.ingramcontent.com/pod-product-compliance
Lightning Source LLC
Chambersburg PA
CBHW071247050326
40690CB00011B/2287